G. MARTINEA

RÉCITS VÉCUS

1870-1871

ANECDOTES

ET

Épisodes.

19 GRAVURES HORS TEXTE

ARTILLERIE MOBILE

d'Ille-et-Vilaine

G. MARTINEAU

RÉCITS VÉCUS

1870-1871

ANECDOTES

ET

Épisodes.

19 GRAVURES HORS TEXTE

ARTILLERIE MOBILE

d'Ille-et-Vilaine

Plihon et Hommay, Rennes.

La Défense nationale

PREMIÈRE PARTIE

GUERRE FRANCO-ALLEMANDE

1870-1871

MÉMOIRES

Relatifs à la

2me Batterie d'Artillerie

Mobile Auxiliaire

D'ILLE-ET-VILAINE

PAR

Gédéon MARTINEAU

Ex-Maréchal des Logis Chef.

Chers lecteurs & chères lectrices,

Lisez et méditez cet ouvrage, c'est le récit d'un Français qui a vu une invasion de l'étranger et qui en a subi les cruelles épreuves.

Soyez et restez toujours patriotes, Quand Même!

Aimez ardemment notre belle France!

Défendez-là, envers et contre tous, par la parole et s'il le faut par des actes!

L'amour de la Patrie est un noble sentiment.

Il ne faut pas laisser la France déchoir de son rang; elle doit toujours être la première dans la voie du progrès; pour la civilisation, les arts, les lettres, les sciences, le patriotisme et pour tout ce qui est grand, généreux & beau.

Franc-Palais, 1906.

G. MARTINEAU.

GÉDÉON MARTINEAU

Maréchal des Logis Chef -- 1870-1871.

A mes anciens Compagnons d'armes.

Je vous dédie ce livre en souvenir de notre bonne confraternité, née de la similitude de nos aspirations qui étaient de chasser les ennemis foulant le sol de la Patrie, et de venger nos frères d'armes tombés sous leurs coups pour la défendre.

G. M.

INTRODUCTION

Extrait d'une lettre du Capitaine de la 2me Batterie d'artillerie mobile d'Ille-et-Vilaine à l'auteur.

Nancy, le 24 juillet 1906.

Mon cher Martineau,

. . . .

Puisque vous voulez bien vous charger de faire connaître à la postérité de nos camarades comment ceux-ci se sont conduits devant l'ennemi, comment ils ont enduré des souffrances de toutes sortes, dites bien haut que chacun a fait son devoir, tout son devoir, et que, si nos efforts sont restés vains pour faire changer la fortune de nos armes, c'est que notre organisation militaire, comparée à celle de nos ennemis, se trouvait dans une incontestable infériorité.

Ai-je besoin de vous dire que, comme capitaine, je rends hommage à la bravoure et au courage de ceux que j'ai été appelé à conduire au feu; que je n'ai que des éloges à faire à tous ces chers camarades, soit officiers, sous-officiers ou soldats.

J'adresse à ceux trop nombreux de nos amis disparus, un souvenir ému.

Veuillez agréer, mon cher Martineau, l'expression de mes meilleurs sentiments et ma vive amitié.

Signé : *CLOCHERET.*

G. MARTINEAU

1906

AVANT-PROPOS

Ces récits sont rédigés à l'aide de documents d'une scrupuleuse exactitude.

Chaque jour, pendant la guerre franco-allemande, j'inscrivais sur mon carnet de campagne les faits et gestes de la 2me batterie d'artillerie mobile d'Ille-et-Vilaine dont je faisais partie ; et, chose précieuse, toutes les lettres que j'écrivais à mes parents avaient été conservées par eux.

Mes anciens compagnons d'armes, tant officiers que sous-officiers, m'ont aussi communiqué leurs notes et leurs souvenirs ; cela m'a aidé à faire de cette relation qui côtoie l'Histoire, une œuvre toute confraternelle.

Toutes ces pièces m'ont permis d'écrire ces Mémoires qui sont l'historique véritable des opérations de ma batterie, et le récit de choses « vécues » *et non d'imagination.*

*
* *

La guerre est une cruelle épreuve que, malgré les idées humanitaires, un pays doit subir quand l'honneur de la Patrie est engagé.

La Garde nationale mobile, improvisée et convoquée dès le mois d'août, n'est composée que de civils hâtivement habillés en soldats.

Les jeunes mobiles de 1870, brusquement arrachés à une vie paisible et jetés dans une vie de fatigues excessives, sont mal vêtus et pas même pourvus du strict nécessaire.

Peu après leur incorporation, ils font leurs étapes

sous la pluie, sous la neige, dans la boue, par une température implacablement inclémente d'un hiver rigoureux.

Quittant leur confortable chambrette, ils couchent maintenant où ils peuvent; dans la paille sous des tentes mal closes, sur des fagots de bois dans des hangars à tous vents, quand ce n'est pas sur la terre nue.

A la table familiale, les mères préparaient des douceurs à leurs petits, mais à présent ces jeunes soldats, aux prises avec la faim, sont obligés de préparer eux-mêmes leur soupe en plein air.

Parfois ils n'auront à manger que le dur biscuit de guerre.

Ce passage brusque de la vie de famille à celle du soldat en campagne, sans entraînement préalable, n'influe pourtant pas sur leur caractère.

Leur seule pensée est que la patrie en danger a besoin de leurs bras, de leur sang peut-être, pour refouler hors de ses frontières ces hordes de Teutons qui envahissent son territoire, et c'est vifs, gais, frondeurs même, mais surtout patriotes, qu'ils attendent fébrilement l'heure du combat.

Les extraits de lettres, semés à leur place dans cet ouvrage, montrent bien l'esprit patriotique qui animait ces jeunes Français.

J'ai le bonheur de posséder, dans un copie de lettres, une partie de la correspondance de mes parents, écrite pendant cette époque si troublée.

Quels nobles sentiments y sont exprimés, et quelle force de caractère il leur faut pour ne pas laisser voir leur inquiétude et leur crainte en écrivant à leur fils de faire son devoir, tout son devoir de soldat.

Mais aussi combien sont touchantes les lettres qu'ils écrivent à leurs parents et à leurs amis.

Là, montrant à nu leur cœur saignant, ils exhalent leur douleur de voir tant de sang généreux répandu, tant de jeunes vies sacrifiées pendant cette guerre impie dont la cause n'est que dynastique. Se résignant, ils prient la Providence de veiller sur les jours de leur fils aimé.

* * *

Une levée en masse est décrétée, car la France a besoin de tous ses enfants pour la défendre.

La Garde Mobile, dont l'effectif est composé des célibataires et des veufs sans enfants, est renforcée de tous les hommes valides jusqu'à 40 ans, mariés ou veufs avec enfants.

Tous laissent derrière eux des père, mère ou enfants qui, toujours avec crainte, attendent tous les jours des nouvelles de ceux qu'ils aiment.

Comme ils savent que journellement on se bat, tous se demandent s'ils reverront l'absent.

Quelle torture morale que cette incertitude du lendemain !

La jeune mère se demande si ses enfants sont déjà des orphelins, les parents anxieux craignent de n'avoir plus de fils.

Beaucoup de malheureux soldats subirent les effets pernicieux du funeste hiver et contractèrent des germes de maladies qui détruisirent leur santé à tout jamais.

D'horribles blessures rendirent infirmes des hommes de tous âges pour le restant de leurs jours.

Les Femmes françaises, pendant cet épouvantable

conflit, accomplirent d'innombrables actes de dévouement qui, presque tous, demeureront ignorés.

Près ou loin des champs de bataille, elles se firent un devoir de prendre de pauvres mutilés de la guerre pour panser leurs blessures et les ramener à la vie en leur prodiguant leurs soins inlassables.

Ma mère fut une de celles-là, et c'est fidèlement que je conserve quelques souvenirs de reconnaissance, que certains de ces malheureux offrirent à « leur bonne dame de charité, » *comme ils la nommaient si justement.*

*
* *

Les officiers et sous-officiers de notre batterie sont de Rennes même et camarades d'enfance; aucun d'eux n'oublie de donner des nouvelles des autres dans leurs lettres à la famille.

De leur côté, nos parents concluent un traité où il est convenu entre eux que lorsqu'un de leurs enfants écrira, sa lettre sera immédiatement communiquée à tous.

Cette correspondance est une compensation de l'éloignement; quelques lignes tracées effacent la distance; les père et mère voient en perspective le fils de qui elles émanent.

La pensée n'a pas de limites.

Tant que l'armée marche en avant, ces lettres arrivent régulièrement, mais dès que le combat est engagé et que surtout la défaite survient, il est inutile de songer à en envoyer ou à en recevoir.

Lors des combats de Poisly et de la retraite de l'Armée de la Loire, il nous fut impossible de donner de nos nouvelles pendant quinze jours.

C'est alors que l'inquiétude de nos parents devient fébrile.

Que de nuits passées sans sommeil, que de jours s'écoulant en une douloureuse appréhension de ce qu'ils redoutent d'apprendre.

Que s'est-il passé ? Est-il blessé ? Est-il tué ?

Cruelle angoisse de tous les instants !

Mon frère qui était resté à la maison, m'a raconté qu'il trouvait souvent notre père et notre mère sanglotant dans les bras l'un de l'autre.

Embrassant silencieusement le fils qui leur restait, ils n'osaient penser qu'ils étaient exposés à ne plus revoir leur autre enfant chéri.

Les élans du cœur des parents sont plus sensibles que ceux de l'enfant.

Ce père et cette mère qui ont eu tant de soucis pour élever leur fils, pour en faire un homme, voient brutalement s'effondrer leur espérance dans l'avenir par cette guerre terrifiante qui peut le leur enlever ; et c'est l'âme ulcérée qu'ils attendent la fin de cette lutte meurtrière.

Quant au jeune homme, son cœur paraît plus ferme, mais c'est qu'il ne connaît pas encore les difficultés de la vie. N'a-t-il pas, jusqu'à 20 ans, été choyé et adulé, n'a-t-il pas eu sans interruption toutes les joies de l'enfance et de l'adolescence !

* * *

Certains que nous allions bientôt combattre, nous décidons que si l'un de nous vient à être tué, ses camarades le feront enterrer et prendront note de l'endroit bien exact pour qu'après la guerre ses malheureux parents puissent venir chercher le corps de leur fils, là où il a été enseveli.

La tristesse de cette pieuse pensée n'effleure nos visages qu'un instant, et, insoucieux du lendemain, nous nous laissons vite aller à cette gaieté qui est l'empreinte du caractère français.

Pendant le premier combat auquel nous avons assisté, et comme des novices que nous étions, nous baissions instinctivement la tête et le corps à chaque balle qui sifflait stridente et à l'obus qui déchirait l'air en passant au-dessus de nous.

Vite habitués, non seulement nous ne faisons plus le salut, mais au contraire, les hommes, l'air crâne et narquois, invectivent les projectiles.

A l'un de ceux-ci qui dépasse le but, un artilleur crie :

« Eh! le vagabond, tu te trompes de route, c'est chez nous que ton maître t'envoie. »

Et ce soldat, paysan goguenard, entendant un obus éclater, dit :

« Ah bin vrai..., tu fais pus d'bruit que d'besogne toué. »

Faisant un pied de nez à un projectile qui passe, un loustic lui clame :

« Au revoir, au revoir, mon vieux... c'est cela, files ton nœud et vivement. »

Et c'est ainsi pendant toute la durée du combat.

A Poisly, pendant près d'une heure, le feu de notre batterie est éteint par l'artillerie allemande; nos conducteurs et leurs caissons, sur l'ordre du capitaine, se mettent à l'abri dans la forêt de Marchenoir, en attendant des renforts.

La terre est recouverte d'une épaisse couche de neige, les hommes restent là, inactifs.

L'un d'eux sort de sa poche un jeu de cartes et, près du

champ de bataille où les obus ennemis labourent la terre, deux joueurs engagent une partie animée, leurs camarades parient pour l'un ou pour l'autre, non sans quolibets.

Ces jeunes hommes sont tout au jeu, et l'on n'entend que des « Pique... atout, à moi le pli, *» sans souci du fracas épouvantable des obus éclatant non loin d'eux.*

Jeunesse, gaieté, bravoure, voilà l'aimable lot du soldat français.

Franc-Palais, 1906.

Gédéon MARTINEAU.

GUERRE FRANCO-ALLEMANDE

1870-1871

PREMIÈRE PARTIE

Formation de la Batterie

Du 18 août au 27 octobre 1870.

E qui restait de l'armée régulière, après les combats désastreux de Wissembourg, Frœschwiller et Spicheren, se repliait sur Sedan et Metz.

L'ennemi envahit notre territoire, il est urgent de former de nouvelles troupes de campagne pour continuer la lutte contre l'Allemagne.

La garde nationale mobile est appelée à l'activité, et c'est par voie d'affiche, le 12 août 1870, que sa concentration est annoncée[1].

A cet effet, les préfets envoient aux maires des communes la circulaire suivante :

1. A la fin du mois d'août, les *célibataires et les veufs sans enfants* sont appelés.

Par décret de Tours du 2 novembre, *tous les hommes valides de 21 à 40 ans, mariés ou veufs avec enfants, sont mobilisés.* Ceux de Bretagne sont envoyés au camp de Conlie (Sarthe).

CABINET

DU

Préfet d'Ille-et-Vilaine.

—

Rennes, le 12 août 1870.

Monsieur le Maire,

La Garde mobile du département est appelée à l'activité; la classe 1869 y est comprise.

Annoncez, dès le reçu de la présente circulaire, la concentration immédiate *de la Garde mobile* au chef-lieu de votre arrondissement *et invitez les jeunes gens qui en font partie à se mettre immédiatement en route pour se rendre au lieu de réunion.*

Les seuls jeunes gens autorisés à rester dans leurs foyers sont ceux qui ont été exemptés du service de la Garde mobile par le conseil de revision, à titre de soutiens de famille.

Une revue de départ aura lieu aussitôt la réunion des hommes au chef-lieu d'arrondissement.

Les jeunes gens pourront y faire valoir les motifs d'exemption pour infirmités.

L'uniforme, qui se compose d'une blouse bleue avec galon rouge en croix sur la manche, d'une ceinture en cuir, d'un képi et d'un sac de toile avec bretelles, sera fourni par mes soins au moment de l'arrivée des hommes au chef-lieu.

Chaque homme devra se pourvoir à ses frais de deux chemises et d'une bonne paire de souliers. Engagez les mobiles de votre commune à se munir, en outre, de vêtements en drap ou en tissu de laine quelconque, propre à les garantir des intempéries et qui pourront être portés sous la blouse d'uniforme.

Au lieu de rassemblement, il sera donné une tunique en drap à chaque sous-officier.

Les Gardes mobiles recevront, dès leur arrivée aux lieux de réunion, une solde provisoire de un franc *par jour.*

Ils seront logés chez l'habitant.

Agréez, Monsieur le Maire, l'assurance de ma considération très distinguée.

Le préfet d'Ille-et-Vilaine,

Signé : *Cte DE CALLAC.*

Le département d'Ille-et-Vilaine forme trois batteries d'artillerie mobile.

La première est envoyée dans la place forte de Langres (Haute-Marne).

La deuxième s'organise à Rennes.

La troisième est à Saint-Malo-Saint-Servan.

Faisant partie de la Garde mobile, je me rends le 18 août à Rennes, et suis classé dans la 2e batterie avec le grade de maréchal des logis fourrier.

Dès le 20 août, l'effectif de notre batterie, comprenant 3 officiers et 150 hommes, est au complet, sous le commandement du capitaine Morvan, ex-sous-officier d'artillerie, retraité depuis plusieurs années, qui a repris du service pour la durée de la guerre.

Nos artilleurs sont équipés misérablement d'une blouse blanche avec galon rouge au collet et aux poignets [1], d'un képi, d'une ceinture de cuir et d'un hâvre-sac de toile vide avec bretelles.

Sous la blouse d'ordonnance, ces soldats improvisés portent des vêtements civils; aussi voit-on des pantalons de toutes couleurs et des chaussures de toutes formes.

L'arme qu'on leur donne est le coupe-choux, vieux sabre réformé, inutile et lourd, qui a servi sous Louis-Philippe.

Les officiers et quelques sous-officiers se font confectionner une tenue militaire à leurs frais; les sous-officiers et brigadiers qui n'en ont pas fait faire, ont sur les manches de leur blouse blanche, des galons de laine jaune ou rouge, d'après leur grade.

Cette batterie ne possède que deux hommes qui aient servi sous les drapeaux : le capitaine Morvan et le lieutenant en 1er Clocheret; quant aux autres : officiers, sous-officiers, brigadiers et simples soldats, ce sont des civils n'ayant jamais fait de service militaire.

Le bureau des maréchaux des logis chef et fourrier est installé en ville, dans l'appartement particulier du capitaine.

Les sous-officiers et brigadiers sont instruits à part des hommes pendant quelques jours, pour qu'ils n'aient pas l'air trop ignorants quand ils vont avoir à commander les simples soldats.

C'est, du reste, la théorie à la main, qu'ils

1. NOTA : *Les artilleurs ont une blouse* blanche *pour les distinguer des fantassins qui ont une blouse* bleue.

montrent le maniement du fusil et font faire les exercices à pied sur le Champ-de-Mars de Rennes, près la caserne du Vieux-Colombier, où les hommes sont casernés.

Une partie du mois de septembre se passe en organisation et en exercices; nous faisons des manœuvres de canons de campagne et de forteresse; puis quelques écoles à feu au Polygone.

Le premier essai de tir au canon est surprenant, les pièces sont pointées par les sous-officiers; dix blancs sont abattus. Les maréchaux des logis Rosetzky et Chevalier se distinguent particulièrement par la sûreté de leur tir.

En un mois, nos artilleurs sont déjà capables d'affronter le feu de l'ennemi, grâce au capitaine Morvan et au lieutenant Clocheret, qui n'ont pas ménagé leur peine en intruisant de façon ferme, mais toujours bienveillante, des hommes qui, pour la plupart, venaient de quitter la charrue.

Nous recevons l'ordre de partir pour Saint-Malo, nous nous mettons en route, à pied, le 19 septembre.

C'est les bras ballants, le coupe-choux au côté, le hâvre-sac à bretelles sur le dos, que nos artilleurs font les trois étapes : Hédé, Saint-Pierre et Saint-Servan.

Nous n'avons aucun écloppé, car tous ces hommes, sortant des champs, ont l'habitude de la marche.

Les officiers avaient reçu des chevaux à Rennes, mais sans l'équipement qu'ils furent obligés d'acheter à leurs frais.

Saint-Servan, le 21 septembre 1870.

Mes chers parents,

Nous sommes arrivés aujourd'hui à Saint-Servan, je vais vous raconter mes étapes, les premières que je fais en militaire.

En quittant Rennes par les Trois-Croix, nous marchons bon pas et arrivons à Hédé.

Il était temps que j'arrive car j'étais tellement fatigué que je pouvais à peine me soutenir.

Le Chef et moi nous faisons les billets de logement et approvisionnons de pain la colonne.

Mon aimable maréchal des logis chef, Marçais, me présente à l'un des amis de son père, M. Labaye, percepteur à Hédé, qui nous fait dîner chez lui copieusement et me conduit ensuite dans une petite chambre jolie et proprette. Mon capitaine m'avait exempté de l'avant-garde du lendemain.

Je dormais encore comme une marmotte lorsqu'à six heures l'on vient me réveiller ; je m'équipe.

Je cherchais mon amphitryon pour le remercier de son amabilité lorsque je le vois venir à moi ; il me conduit à la salle à manger où je trouve une table bien garnie : un chocolat exquis, un bifteck, des œufs, des fruits, des gâteaux et ma gourde remplie de bon vin.

Je prends congé, non sans exprimer toute ma reconnaissance à M. Labaye qui m'avait reçu comme un fils. Il me donne une lettre de recommandation pour un de ses amis, M. Joubert, docteur à Saint-Domineuc, bourg à moitié route de Hédé à Saint-Pierre, notre deuxième étape.

Là, mon capitaine me laisse entière liberté. La colonne repart de Saint-Domineuc. Quant à moi, je reste, déjeune et repars à quatre heures, conduit en voiture par le docteur jusqu'à Saint-Pierre où je loge chez l'adjoint.

Je repars le lendemain à cinq heures, en avant-garde, j'étais très dispos.

Nous arrivons au fort de Châteauneuf où nous déjeunons et repartons à dix heures et demie.

Deux kilomètres plus loin, la route longe le bel estuaire de la Rance; enfin nous faisons notre entrée dans Saint-Servan et nous nous arrêtons aux casernes de la marine, près la Tour Solidor, d'où nous admirons la magnifique rade de Saint-Malo en son entier.

Nous n'étions pas trop fatigués, quoiqu'ayant fait cinq lieues sans presque nous arrêter : les premières étapes avaient été les plus pénibles.

Nous logeons chez l'habitant, vous voyez que je n'ai pas été trop malheureux.

Votre petit garde mobile qui vous embrasse tendrement.

Signé : *Gédéon MARTINEAU.*

Saint-Malo, le 26 septembre 1870.

Mes chers parents,

. . . .

. . . .

Nous sommes très ennuyés pour le logement des hommes, les billets n'étant valables que pour trois jours. C'est un train du diable de changer de domicile ainsi à chaque instant, d'autant que, si nous sommes bien reçus par certains, nous sommes mal accueillis par la plupart des habitants.

Il serait bien préférable que nous fussions casernés; cela ne peut pas durer longtemps ainsi. . . . .

. . . .

Votre fils affectionné,

G. M.

Depuis notre arrivée nous faisons des exercices à pied sur les places et promenades de Saint-Servan.

Le 1er octobre, nous sommes désignés pour remplacer la 3e batterie qui est dispersée dans les forts.

Nous embarquons nos soldats pour les forts en pleine mer : le fort National, Césembre, la Grande-Conchée et les Rimains près Cancale, où ils resteront quinze jours.

Le lieutenant en 1er Clocheret, avec une vingtaine d'hommes et le brigadier-fourrier Giffard, est détaché au fort de Châteauneuf pour en garder la poudrière.

Que vont faire nos artilleurs dans ces forts? rien, si ce n'est que s'ennuyer sur les remparts ou dans les casemates.

Il n'y a aucun armement, et nos hommes n'ont que leur fameux coupe-choux.

Quelques canons sans affûts et inutilisables sont couchés par terre : ce sont de vieux vestiges des régimes anciens; les plus récents datent du premier Empire — du reste, pas de munitions!!

Tous les jours nous allons approvisionner ces forts avec le bateau à vapeur des Ponts et Chaussées mis à notre disposition pour ce service.

Le capitaine, le maréchal des logis chef, le brigadier d'ordinaire et moi restons à terre pour préparer les vivres et prendre les lettres que nous portons à nos soldats.

Gambetta, parti de Paris le 7 octobre 1870, sur le ballon *Armand-Barbès,* pour se mettre à la tête de la défense de la province, arrive à Tours le 9 octobre.

Ce jour-là, il fait à la Nation la proclamation suivante, pour annoncer sa mission aux populations :

Citoyens des Départements,

Par ordre du Gouvernement de la République, j'ai quitté Paris pour venir vous apporter, avec les espérances du peuple renfermé dans ses murs, les instructions et les ordres de ceux qui ont accepté la mission de délivrer la France de l'étranger.

. . . .

La situation vous impose de grands devoirs.

Le premier de tous, c'est de ne vous laisser divertir par aucune autre préoccupation qui ne soit pas la guerre, le combat à outrance.

Le second, c'est, jusqu'à la paix, d'accepter fraternellement le commandement du pouvoir républicain, sorti de la nécessité et du droit. Ce pouvoir, d'ailleurs, ne saurait sans déchoir s'exercer au profit d'aucune ambition. Il n'a qu'une passion et qu'un titre : Arracher la France à l'abîme où la monarchie l'a plongée.

Cela fait, la République sera fondée et à l'abri des conspirations et des réactionnaires.

Donc, toutes affaires cessantes, j'ai mandat, sans tenir compte ni des difficultés, ni des résistances, de remédier, avec le concours de toutes les libres énergies, aux vices de notre situation et, quoique le temps manque, de suppléer, à force d'activité, à l'insuffisance des délais.

Les hommes ne manquent pas; ce qui fait défaut, c'est la résolution, la décision et la suite dans l'exécution des projets.

Ce qui fait défaut, après la honteuse capitulation de Sedan, ce sont les armes.

Tous nos approvisionnements de cette nature avaient été dirigés sur Sedan, Metz et Strasbourg et l'on dirait que par une dernière et criminelle combinaison, l'auteur de tous nos désastres a voulu en tombant nous enlever tous les moyens de réparer nos ruines. Maintenant, grâce à l'intervention d'hommes spéciaux, des marchés ont été conclus qui ont pour but et pour effet d'accaparer tous les fusils disponibles sur le marché du globe. La difficulté était grande de se procurer la réalisation de ces marchés; elle est aujourd'hui surmontée.

Quant à l'habillement et à l'équipement, on va multiplier les ateliers et requérir les matières premières si besoin est; ni les bras, ni le zèle des travailleurs ne manquent; l'argent ne manquera pas non plus.

Il faut mettre en œuvre toutes nos ressources, qui sont immenses; secouer la torpeur de nos campagnes, réagir contre les folles paniques, multiplier la guerre de partisans et, à un ennemi si fécond en embûches et en surprises, opposer des pièges, harceler ses flancs, surprendre ses derrières et enfin inaugurer la guerre nationale !

La République fait appel au concours de tous, son gouvernement se fera un devoir d'utiliser tous les courages, d'employer toutes les capacités.

C'est sa tradition à elle d'armer les jeunes chefs : nous en ferons.

. . . .

. . . .

Non, il n'est pas possible que le génie de la France se soit voilé pour toujours, que la grande nation se laisse prendre sa place dans le monde par une invasion de 500,000 hommes.

Levons-nous donc en masse et mourons plutôt que de subir la honte du démembrement.

A travers tous nos désastres et tous les coups de la mauvaise fortune, il nous reste encore le sentiment de l'unité française, de l'indivisibilité de la République.

Paris, cerné, affirme plus glorieusement encore son immortelle devise qui dictera aussi celle de toute la France.

Vive la République une et indivisible.

Signé : *Léon GAMBETTA.*

Le 15 octobre, nos hommes sont de retour des forts, où ils sont restés quinze jours; ils sont casernés dans les bâtiments de la marine, près la tour Solidor, à Saint-Servan.

Là, ils couchent dans des hamacs, couchage incommode auquel il faut être habitué.

Le lendemain, nous faisons un tir au canon sur la plage des bains à Saint-Malo. Le but est une bouée placée à environ 200 mètres en pleine mer.

Par suite de changements dans les cadres [1],

1. NOTA. — *Plusieurs officiers avaient donné leur démission, entr'autres M. Porteu, commandant, et M. Quernest, lieutenant, pour cause de maladie.*

COMMANDANT MORVAN

la batterie est ainsi composée à dater du 23 octobre :

Commandt, MM. Morvan, ex-capitaine.
Capitaine, Clocheret, ex-lieutenant en 1er.
Lieut en 1er, Marçais, ex-adjudant.
Lieut en 2e, Hardy, ex-maréchal des logis chef.
Adjudant, MM. Danion.
Mal des logis chef garde de parc, Martineau.
Mal des logis chef comptable, Legendre.
Mal des logis fourrier, Giffard.
Mal des logis fourrier, Delalande.

Maréchaux des logis et brigadiers, MM. Chevalier, Rosetzky, Nicoul, Lefebvre, Guérault, Garel, Fouchard, Ricatte, Cheminel, Besnard.

Trompettes, Lucasseau et Décelle.

Refrain de la Batterie

Noms d'une partie des soldats ayant appartenu à la 2e batterie d'Ille-et-Vilaine [1] :

Gracia.	Vallée.	Poro.
Dezallais.	Clouet.	Molgat.
Sauvé.	Buquet.	Grandchamp.

1. *Cette liste est fâcheusement incomplète, car je n'ai pu me procurer l'état exact de l'effectif, tant brigadiers que soldats.*

Philouze.	Lemarchand.	Salmon.
Sauvage.	Jubin.	Chrétien.
Rossignol.	Picard.	Lorieux.
Cupif.	Denot.	Bougard.
Besnard Jean.	Trouessard.	Besnier.
Tréluyer.	Laissé.	Potier.
Coupel.	Guillemois.	Jouffrio.
Guilloux.	Gracin.	Humeury.
Grandhomme.	Veillard J.	Béesau.
Joubert.	Caillot.	Judéaux.
Fresnel.	Chauvellier.	Gautier.
Pichard.	Martin Yves.	Théodore.
Esnault.	Martin Christ.	Séché.
Guillet.	Lebras.	Joubert H.
Rouesné.	Barbedor.	Lemeure.
Trochu.	Lebel.	Chauchy.
Fournier.	Texier.	Moreau.
Gilles.	Panaget.	Ménard.
Pailloux.	Maingneuc.	Davau.
Hux.	Euzin.	Dupuis.
Bertel.	Treillard.	Genti.
Quinton.	Primaut.	Clavereuil.
Crépin.	Rospars.	Viau.
Lefeuvre.	Quidebert.	Moineau.
Gourdel.	Amable.	Beaulieu.
Trublet.	Evenot.	Grassien.
Jean.	Penhouët.	Simon.

Le 23 octobre, nous quittons Saint-Servan pour Rennes par chemin de fer pour nous armer de canons.

Pendant la semaine, nous prenons possession de notre matériel qui se compose de 6 canons de 12 rayés, se chargeant par la bouche, avec 6 caissons seulement, n'ayant ainsi que 72 coups à tirer par pièce; chariot de batterie, prolonge, fourgon, etc...

Il a fallu huit jours entiers pour composer notre batterie à l'arsenal de Rennes.

Rien n'était prêt; il fallut tout constituer, les canons étant d'un côté, les roues d'un autre, les affûts ailleurs et les munitions au Polygone, à plusieurs kilomètres de la ville.

J'étais déjà vaguemestre, je suis de plus nommé garde de parc, responsable du matériel.

Dans la cour du Lycée sont des chevaux étiques, la plupart blessés, provenant de l'armée du Rhin [1], il ne nous en est donné que 60 pouvant faire un service passable; il nous en faudrait le double.

Nos hommes reçoivent des sacs vides recouverts de peau.

Notre effectif de troupe est de 150 hommes.

Le 30 octobre, le dépôt d'artillerie de Rennes conduit notre matériel à la gare et nous nous embarquons, ainsi outillés..., pour Le Mans.

Nous avons donc :

6 pièces de canon avec 6 caissons seulement.

60 chevaux au lieu de 120, mais pas de harnais.

Les hommes ont comme arme un vieux sabre réformé.

1. *Beaucoup de chevaux errant dans la campagne, après les combats de Frœschwiller, Spicheren et Sedan avaient été heureusement recueillis ; ils furent d'une grande utilité, car la France n'en possédait plus assez pour l'organisation des nouvelles troupes de cavalerie et d'artillerie en province.*

TABLEAU D'ORDRE DE MARCHE

Formation.

Marche	*Dates*	*Noms des pays parcourus*	*Département*
Aller	*19 sept. 1870*	Rennes	Ille-et-Vilaine
à pied	*19 sept. »*	Hédé	»
		Tinténiac	»
		St-Domineuc	»
		Pleuguenceuc	»
	20 » »	St-Pierre-de-Plesguen	»
		Miniac-Morvan	»
		Châteauneuf	»
	21 » »	St-Servan	»
Retour	*23 octobre*	St-Malo, St-Servan	Ille-et-Vilaine
ch. de fer		Rennes	»

A pied	*66*
En chemin de fer	*82*
Kilomètres parcourus	*148*

Guerre Franco-Allemande

1870-1871

ANECDOTES ET ÉPISODES

pendant

LA FORMATION

GUERRE FRANCO-ALLEMANDE

1870 - 1871

ANECDOTES ET ÉPISODES

PENDANT LA FORMATION

Furieuse tempête en mer.

Saint-Malo, le 6 octobre 1870.

Nos artilleurs sont dispersés dans les différents forts en mer près de Saint-Malo.

Je suis chargé avec le brigadier d'ordinaire Guérault de leur porter les vivres et les lettres tous les deux jours.

Ce service se fait avec le vapeur des Ponts et Chaussées.

C'est aujourd'hui le jour d'approvisionner le fort de la Grande-Conchée, véritable masse de pierres au milieu de la mer, où se trouve enfermé le maréchal des logis Hardy avec ses hommes.

Le temps est superbe. Quelle belle promenade nous allons faire!

Le capitaine Morvan, le lieutenant Clocheret, l'adjudant Marçais et moi, sommes de la partie.

Nous partons.

A peine sortis du port, le capitaine du vapeur, voyant un léger point noir à l'horizon et craignant du gros temps, nous dit que nous aurons le temps d'aller jusqu'à la Grande-Conchée et d'ne revenir.

Erreur, car le léger point signalé devient un gros nuage noir; le vent N.-O. souffle avec violence du large.

Nous ne sommes pas à plus de 30 mètres du fort que la tempête se déchaîne furieuse; le vent nous pousse sur le rocher, impossible de virer de bord, le navire va être brisé et englouti.

Le capitaine fait mouiller l'ancre d'arrière qui, heureusement, s'accroche aux rochers de fond.

Le navire est terriblement secoué.

Craignant que la chaîne ne se brise, le capitaine fait mouiller l'ancre d'avant.

Alors c'est un tangage et un roulis insensés.

Au lieu de descendre dans les cabines, nous restons sur le pont, accrochés des deux mains aux cordages.

Pendant plus d'une heure, nous sommes tellement ballottés que nos pieds ne touchent pas un instant au parquet du pont.

La tempête se calme enfin.

C'est avec peine que je puis desserrer les mains, dont l'intérieur est écorché à vif.

Nos hommes, impuissants à nous secourir, avaient lancé un cordage qui aurait pu servir de va-et-vient en cas de naufrage.

Nous rentrons au port de Saint-Malo, heureux d'en être quittes à si bon compte.

Artilleurs en hamacs.

Saint-Servan, 15 octobre.

Nos artilleurs sont revenus des forts en pleine mer où ils se sont morfondus pendant 15 jours.

Au lieu de loger chez l'habitant, comme avant leur précédent séjour, ils sont casernés dans les bâtiments de la marine à Saint-Servan, près la tour Solidor.

Dans les forts, nos soldats étaient couchés dûrement sur de la paille dans les casemates; mais dans cette caserne de marins, ils vont avoir le hamac comme couchage.

Ces hamacs sont fixés par des cordes à crochets à des poutres transversales à 1m 50 au-dessus du sol, supportées par des poteaux assez éloignés les uns des autres.

Les marins ont pour oreiller leur sac rond qui contient leurs vêtements de rechange; nos hommes se serviront de leur hâvre-sac rempli de paille.

Comment nos artilleurs vont-ils faire pour monter dans ce nouveau genre de lit, que beaucoup de ces hommes des champs n'ont même jamais vu?

Une fois en possession de leurs hamacs, nos soldats cherchent le moyen d'y accéder; à peine ont-ils commencé, que l'on entend des bruits sourds comme ceux que produisent des paquets de linge jetés de haut sur le sol.

Ce sont nos hommes qui, croyant monter comme dans leurs lits, mettent un genou sur le bord du hamac, qui, immédiatement fuit et balance en laissant tomber nos novices tout surpris sur le parquet.

Les uns s'étalent à plat ventre, les mains plaquées au sol : certains jurant et grimaçant se tiennent à pleine main le nez qui violemment a touché le dur parquet.

Les autres rebondissent sur la partie la plus charnue de leur personne et se la frottent vigoureusement en se relevant.

Celui-ci, qui a roulé sans dessus dessous, s'assoie abasourdi et se tient coi sans bouger.

Celui-là, tombé à genoux, les mains accrochées au hamac, dit qu'il en a assez et qu'il aime mieux coucher par terre.

Tout cela ne se passe pas sans jurements et sans cris sous les lazzis des loustics.

A chaque... *boüm*... retentissant ou sourd que l'on entend, c'est un rire débordant des prudents qui n'ont pas été pris au dépourvu.

Alors, se regardant quelque peu ahuris, nos artilleurs se demandent comment ils pourront bien coucher ce soir là-dedans.

Voyant l'un d'eux installé confortablement dans son hamac et qui goguenardant se balance mollement, ils lui demandent comment il a bien pu faire.

Heureux de son succès, notre malin leur fait voir qu'il faut d'abord s'asseoir en tirant le bord du hamac sous les jarrets et ensuite basculer les jambes.

Alors tous s'essaient et après bien des tâtonnements (car maintenant chacun craint la chute), ils finissent tout de même par y arriver.

Cela n'a pas été sans difficulté et non plus sans gaîté.

Tir au canon sur la plage.

Saint-Malo, le 16 octobre.

Lorsque nos artilleurs revinrent des forts de Saint-Malo et avant de repartir pour Rennes, nous faisons un exercice de tir avec deux vieux petits canons à âme lisse, découverts par hasard dans les magasins.

Ils sont placés sur la plage des bains, à marée basse; le but est une vieille bouée hors d'usage, ancrée en pleine mer, à 200 mètres environ, près le Fort National.

Nous avions déjà fait, au Polygone de Rennes, des tirs assez brillants, nous n'étions donc pas des novices.

Le capitaine fait charger les pièces, le pointeur est à son poste, lorsqu'un civil en chapeau haut de forme, vient l'en retirer et prend sa place.

Sur une observation de notre capitaine, ce monsieur décline ses nom et qualité; c'est un gros bonnet du pays, qui du reste est accompagné de toutes les notabilités de l'endroit, venues là comme au spectacle.

Le capitaine, surpris de ce sans-gêne, n'a pourtant rien à répliquer, car à Saint-Malo il n'y a plus de troupes régulières, par conséquent plus d'officiers supérieurs, et c'est à une époque si troublée que l'on doit obéir aux ordres du pouvoir civil, tels que préfet, sous-préfet, maire, etc...

Ce monsieur se met donc à pointer.

Son attitude est grotesque!

Assis à califourchon sur la flèche du canon, le chapeau relevé sur le haut du front, il cligne de l'œil, regarde le but que la vague ne laisse pas un instant en place, et pendant un quart d'heure fait ce manège.

C'est à se tordre!!!

Enfin, satisfait probablement, il se relève l'air triomphant.

Au commandement de « Feu » tous les assistants regardent la bouée; quelle n'est pas leur stupéfaction de voir le boulet s'enfoncer dans la mer à plus de 50 mètres en deçà du but.

Le joli coup vraiment!

Le plus amusant (pour nos artilleurs s'entend) c'est que, immédiatement après, le boulet de la deuxième pièce pointée par un des nôtres touche en plein dans la bouée.

Nez du monsieur!

Avec un pointeur pareil, les Prussiens auraient été en pleine sécurité.

Ce quidam a dû plus tard se vanter d'avoir tiré le canon pendant la guerre.

Ce devait être un Nemrod du pays qui, à la chasse, manquait les lièvres au gîte.

La Défense nationale

1870-1871

ARMÉE DE L'OUEST

PREMIÈRE CAMPAGNE

Combats de la Fourche et de Thiron-Gardais.

LÉON GAMBETTA

NÉ A CAHORS EN 1838, MORT A PARIS EN 1882

ORGANISATEUR DE LA DÉFENSE NATIONALE EN PROVINCE

'ac-similé de la signature de L. Gambetta :

L Gambetta

Cliché Carjat. Cette Photographie date de 1870.

Metz capitule le 28 octobre 1870.

Aussitôt que la nouvelle en est officiellement connue du gouvernement, Gambetta, sublime d'indignation et de patriotisme, la fait connaître à la France entière par une admirable proclamation le 30 octobre :

Proclamation de Gambetta à la nation.

Français,

Elevez vos âmes et vos résolutions à la hauteur des effroyables périls qui fondent sur la Patrie.

Il dépend encore de nous de lasser la mauvaise fortune et de montrer à l'univers ce qu'est un grand peuple qui ne veut pas périr et dont le courage s'exalte au sein même des catastrophes.

Metz *a capitulé.*

Un général sur qui la France comptait, même après le Mexique, vient d'enlever à la Patrie en danger plus de cent mille de ses défenseurs.

Le Maréchal Bazaine a trahi.

Il s'est fait l'agent de l'homme de Sedan, le complice de l'envahisseur, et au mépris de l'armée dont il avait la garde, il a livré, sans même essayer un suprême effort, 120,000 combattants, 20,000 blessés, ses fusils, ses canons, ses drapeaux et la plus forte citadelle de la

France : Metz vierge, jusqu'à lui, des souillures de l'étranger.

Un tel crime est au-dessus même des châtiments de la justice. Et maintenant, Français, mesurez la profondeur de l'abîme où vous a précipité l'Empire. Vingt ans la France a subi ce pouvoir corrupteur qui tarissait en elle toutes les sources de la grandeur et de la vie.

L'armée de la France, dépouillée de son caractère national, devenue sans le savoir un instrument de régime et de servitude, est engloutie, malgré l'héroïsme des soldats, par la trahison des chefs, dans le désastre de la Patrie.

En moins de deux mois, 225,000 hommes ont été livrés à l'ennemi, sinistre épilogue du coup de main militaire de Décembre.

Il est temps de nous ressaisir, citoyens, et, sous l'égide de la République, que nous sommes décidés à ne laisser capituler ni au dedans ni au dehors, de puiser dans l'extrémité même de nos malheurs, le rajeunissement de notre moralité et de notre virilité politique et sociale. Oui, quelle que soit l'étendue du désastre, il ne nous trouve ni consternés, ni hésitants.

Nous sommes prêts aux derniers sacrifices, et, en face d'ennemis que tout favorise, nous jurons de ne jamais nous rendre.

Tant qu'il restera un pouce du sol sacré sous nos semelles, nous tiendrons ferme le glorieux drapeau de la Révolution Française.

Notre cause est celle de la justice et du droit; l'Europe le voit, l'Europe le sent; devant tant de malheurs immérités, spontanément, sans avoir reçu de nous ni invitation, ni adhésion, elle s'est émue, elle s'agite.

Pas d'illusions! ne nous laissons ni alanguir, ni énerver, et prouvons par des actes que nous voulons tenir de nous-mêmes l'honneur, l'indépendance, l'intégrité, tout ce qui fait la Patrie libre et fière,

Vive la France !

Vive la République une et indivisible !

Signé : *Léon GAMBETTA.*

GUERRE FRANCO-ALLEMANDE

1870 - 1871

Première Campagne

Du 17 octobre au 26 novembre 1870.

Depuis le 27 octobre, nous sommes versés dans « l'armée de l'Ouest. »

Cette armée, commandée par le général Fiéreck, au Mans, n'est composée que de bataillons d'infanterie de la garde mobile; de la 2e batterie d'artillerie mobile d'Ille-et-Vilaine, capitaine Clocheret; de six obusiers de montagne, servis par la mobile de Maine-et-Loire, et de quelques cavaliers seulement; elle n'a ni intendance ni ambulances.

Partis de Rennes le 30 octobre 1870, par chemin de fer, nous arrivons à la gare du Mans; nos artilleurs conduisent leurs chevaux au bridon, et comme nous n'avons pas de harnais, les servants s'attellent aux canons et aux caissons, et c'est à bras d'hommes que nous tirons et poussons notre lourd matériel jusqu'à la caserne d'artillerie [1] à un kilomètre de la gare.

Nos hommes sont casernés au quartier; les officiers et les sous-officiers vont en ville, où ils se procurent logement et nourriture à leurs frais.

1. *Il n'y avait plus dans cette caserne qu'un dépôt de dragons.*

Le Mans, 2 novembre 1870.

Mes chers Parents,

Nous avons beaucoup à travailler ici, la nécessité d'organiser la batterie nous fait faire de nombreuses courses dans cette grande ville.

Toute la journée se trouve occupée et employée sans qu'à la fin la somme de travail soit bien grande.

Nos hommes couchent à la caserne et y font la soupe.

Je viens à l'instant de voir débarquer à la gare les soldats de l'infanterie de mobile qui sont partis dernièrement de Rennes et de Saint-Malo. J'y ai vu plusieurs de mes amis. Ils se trouvaient à l'affaire de Chartres où ils n'ont pu tirer un seul coup de fusil, car ils étaient mitraillés par l'artillerie allemande à 3,000 mètres et leurs fusils à tabatière portant à 600 mètres ne leur permettaient pas de répondre. Aussi viennent-ils au Mans chercher des chassepots.

C'est ici une allée et venue de troupes toute la journée.

Il y a, à l'usine à gaz, un ballon tout gonflé qui attend que le vent veuille bien le diriger sur Paris et l'y laisser descendre si possible.

Je viens de visiter un peu Le Mans, j'y remarque la vieille abbaye de la Couture; la Cathédrale est un beau monument et dans les rues avoisinantes sont de bien curieuses maisons.

Votre fils affectionné,

G. M.

Notre cavalerie est complétée par des chevaux de réquisition.

Il faut maintenant des harnais à nos 120 chevaux, mais il n'y en a pas plus au Mans qu'à Rennes.

Le général Fiéreck, commandant la place, s'adresse à M. Gadois, entrepreneur de camionnage, qui ne peut trouver que 40 colliers de chevaux de rouliers, garnis de peau de mouton, presque tous sont vieux et usés et certains hors d'usage ; et, malgré la volonté de notre capitaine, nous sommes forcés de les prendre ; mais il nous en faut 80 en plus.

Comme le temps presse et qu'il est urgent de nous envoyer combattre, le général fait confectionner à la hâte des colliers de paille à attelles en bois brut.

Le reste du harnachement est en rapport ; la corde remplace le cuir, tels sont les traits qui nous sont livrés.

En somme le tout est plutôt mauvais que bon.

Des conducteurs improvisés la veille du départ sont tout simplement choisis parmi les cultivateurs qui ont plus ou moins l'habitude des chevaux.

Ils doivent conduire leurs attelages à la main, car ils n'ont ni selles, ni étriers, pas même de fouets [1].

Aucun exercice de batterie attelée ne peut être fait, tant l'ordre de partir est précipité.

Les sous-officiers ne sont pas montés, seuls les maréchaux des logis fourriers Giffard, Delalande et moi avons des chevaux ; nous sommes

1. Lire *Notes particulières du colonel Rousseau*, p. 68.

obligés d'acheter à nos frais : selle, bride, bridon, etc...

Des tentes abris nous sont distribuées ainsi qu'une demi-couverture de laine.

Chaque homme reçoit un mousqueton de dragons à piston et des munitions.

C'est avec cet équipement et ce harnachement que nous sommes envoyés au-devant de l'ennemi que nous rencontrerons et combattrons 14 jours plus tard.

Le 7 novembre, nous recevons l'ordre de partir; les 2me et 3me sections de la batterie s'embarquent à la gare du Mans à destination de Bourth (Eure), avec le capitaine Clocheret et le lieutenant en second Hardy.

Au moment du départ, un télégramme ministériel change leur direction et les envoie à Nogent-le-Rotrou (Eure-et-Loir).

La première section, dont je faisais partie, commandée par le lieutenant Marçais, reçoit le 9, à onze heures trente, l'ordre de s'apprêter à partir.

Le lendemain 10 novembre, à deux heures de l'après-midi, nous rejoignons les deux autres sections.

Les harnais sont de si mauvaise qualité que, dans le court trajet de la caserne à la gare, nombre de traits de corde se cassent, nous n'avons comme unique ressource que de leur faire des nœuds.

Ce harnachement était tellement défectueux que

le capitaine et ses lieutenants se virent obligés de le faire remplacer au moyen de bons de réquisition au fur et à mesure des besoins, dans les villes et bourgs qui se trouvèrent sur leur passage pendant la campagne, et de requérir des ouvriers civils pour aider nos bourreliers, qui journellement étaient occupés à réparer nos harnais.

Les rations de campagne qui nous sont allouées sont les suivantes :

Hommes :	Viande : 350 gr.		Sucre : 21 gr.	
	Pain : 750 »		Café : 16 »	
	Biscuit : 600 »		Sel : 16 »	
	Riz : 30 »			
Chevaux :	Foin : 5 kil. »»»			
	Avoine : 5 500			
	Paille : 5 »»»			

Nogent-le-Rotrou, le 11 novembre 1870.

Mes chers Parents,

Je suis arrivé avec ma section hier, 10 novembre, à deux heures.

Cette ville est tête de ligne; des trains avec machines blindées vont faire des reconnaissances jusqu'à Pontgouin et Courville.

Aussitôt arrivés, nous avons débarqué nos chevaux, les canons et le fourrage et nous avons retrouvé le reste de notre batterie sur la place.

Nos hommes sont couchés sous la tente; ils ne se plaignent pas, et ont assez de paille pour ne pas sentir l'humidité du sol,

Quant à nous, sous-officiers, nous logeons et mangeons à l'hôtel du Chêne-Doré. Les habitants sont très affables; nous sommes bien reçus.

La ville est décidée à se défendre; mais je crois qu'elle n'aura pas cette peine, car, d'après les rapports officiels, les Prussiens auraient évacué Chartres, se dirigeant sur Paris ou Orléans.

Il était question de nous faire partir pour Illiers, mais nous sommes encore ici.

Nous avons fait aujourd'hui vendredi une promenade avec nos canons sur la route de la Loupe.

Nos maigres chevaux de Sedan ne vont pas trop mal.

Ce matin, je suis allé visiter le château féodal de Nogent et son superbe donjon du XIIe siècle.

Votre fils affectionné,

G. M.

En Avant.

Nous ne sommes plus qu'à quelques lieues du théâtre de la guerre; les Allemands, en effet, possèdent une grande partie du département d'Eure-et-Loir et menacent d'envahir ceux de l'Orne et de la Sarthe.

C'est là, en face de l'ennemi, que les officiers donnent aux conducteurs les premiers préceptes de conduite des voitures, et aux servants un complément d'instruction sur le service des bouches à feu en insistant sur les règles de tir.

Le samedi 15 novembre, à sept heures du matin, nous partons de Nogent-le-Rotrou pour Montlandon, où nous logeons chez l'habitant; mes camarades Delalande, Danion, Legendre et moi couchons sur des paillasses chez le maire du pays.

De Montlandon, que nous quittons le 16, à quatre heures de l'après-midi, par une pluie battante, nous passons par Champrond-en-Gâtine, dont le maire, M. Eugène Daigneau, est un ami intime de mes parents.

Je dîne chez lui, en compagnie de mes officiers invités, et deux heures plus tard je vais rejoindre ma section campée dans un petit bois, à un kilomètre de là.

Le froid est très vif.

Le lendemain 17 novembre, époque à laquelle notre pays n'avait plus guère d'artillerie à opposer à l'ennemi, notre batterie fut scindée en trois sections qui allèrent prendre des positions de combat.

De Champrond, la 3me section (lieutenant Hardy), prêtée à la division du colonel Marty, est dirigée sur Senonches, et la 1re section (lieutenant Marçais), part sur Courville, où des escarmouches avaient eu lieu, et s'arrête près le village des Châtelets. Deux jours après, la section du centre (capitaine Clocheret) est envoyée vers Illiers.

Barricade des Châtelets, près Friaize,
18 novembre.

Mes chers Parents,

Nous sommes partis de Montlandon hier matin et passant par Champrond j'ai dîné chez M. Eugène, mais suis allé coucher sous la tente à un kilomètre de là.

C'était sous une allée de grands arbres, dans un petit bois.

Il faisait froid et il tombait une pluie glaciale.

Je me suis bien enveloppé de mon caban et de ma couverture: mon oreiller était mon sac, et le matelas une botte de paille; nous avons fait une tente à six.

Eh bien ! vous vous en étonnerez peut-être, mais nous avons bien dormi.

Dès deux heures du matin, beaucoup de nos hommes sortent de leurs tentes et viennent se chauffer autour d'un grand feu fait de branches mortes trouvées dans le bois.

Au petit jour nous avons fait la soupe et vers cinq heures, nous l'avons mangée avec appétit.

Cela a été ma première gamelle.

Nous recevons l'ordre de partir et faisons environ deux heures de marche dans la direction de Courville.

Nous rencontrons des paysans fuyant l'ennemi et conduisant leurs voitures chargées de meubles et de literie.

Nous nous arrêtons à une barricade, près les Châtelets, au-delà de Friaize, derrière laquelle nous plaçons nos deux canons.

Nous avons vu là les quelques uhlans d'habitude ; ils étaient trois d'abord, puis sont venus une cinquantaine de cavaliers environ que nous avons cru reconnaître pour des cuirassiers blancs.

Ils se sont retirés devant l'infanterie mobile partie en tirailleurs; pas un coup de fusil ou de canon n'a été tiré aujourd'hui de notre côté.

Nous entendons la canonnade du côté d'Illiers, notre petite troupe se montre sans crainte.

Nous campons sous la tente ; je vous quitte pour aller manger la soupe, j'ai appétit.

Chers parents, nous sommes très confiants et nous avons de bons soldats.

Je vous embrasse de tout mon cœur,

G. M.

Nous sommes sous les ordres directs du colonel Rousseau, chef d'Etat-Major du général Fiéreck, commandant en chef de « l'armée de l'Ouest, » au Mans.

Le colonel Rousseau est chargé de la défense

L^{T}-Colonel ROUSSEAU

de la ligne du Perche s'étendant sur une longueur de 32 kilomètres, de Belhomert à Thiron.

Cette petite armée est composée de 11,000 hommes d'infanterie mobile, de 4 pièces de 12 de la 2me batterie d'Ille-et-Vilaine, et de 6 petits obusiers de montagne servis par la mobile de Maine-et-Loire; elle n'a pas de cavalerie et ne possède ni intendance, ni ambulance.

Depuis le 18 au matin, nos deux pièces de canon sont sur la route, placées derrière la barricade des Châtelets près Friaize, à 5 kilomètres en deçà de Courville.

L'infanterie, que nous ne voyons pas, est placée en avant de nous et sur nos côtés, principalement à Landelles et dans le bois de Montécot.

Lettre du commandant de Montaigu, qui commanda le combat de la Fourche.

GARDE
Nationale Mobile
DE L'ORNE

A Friaize, le 19 novembre 1870 1.

M. le Commandant du 1er bataillon à
M. le Colonel Rousseau.

Mon Colonel,

Il me sera impossible de rester à Friaize, si le bataillon du Finistère ne peut reprendre ses anciennes positions à la Demenière-Saint-Honoré et défendre la forêt de Champrond-en-Gâtine.

Des cavaliers prussiens sont venus tout à l'heure au Favril et ont suivi la ligne de la forêt qui va du Favril au Rond de Pomereu et à Friaize. Dans cette ligne était la compagnie que j'ai envoyée garder la forêt à dix heures, dès que j'ai eu connaissance du départ des Bretons.

Mes hommes les ont vus distinctement.

Les Prussiens ont, sans doute aussi, vu mes hommes, car ils ont tourné bride sans entrer dans la forêt.

Des gens de Pontgouin ont affirmé au capitaine de cette compagnie que les Prussiens avaient marqué des maisons à la craie. Ceci fait supposer qu'ils vont l'occuper ce soir après avoir reconnu les lieux.

Je ne puis, avec ce que j'ai de monde, défendre mon front de Fancilly au Favril et mon flanc gauche.

1. Avant-veille du combat de la Fourche.

L'ennemi me tournera dès qu'il voudra; je ne voudrais pourtant pas le laisser prendre pied dans la forêt de Champrond.

On m'apporte à l'instant votre lettre; je garde les trois compagnies, mais au lieu d'en placer une à Baudière, je ne placerai qu'une section. Une seconde compagnie remplacera la mienne de grand'garde. Cette dernière, connaissant la forêt, sera chargée de la défendre.

Ce sera suffisant comme garde, mais il faudrait un bataillon entier à ma gauche.

J'ai l'honneur d'être avec respect, mon colonel, votre très dévoué serviteur.

Signé : *H. DE MONTAIGU,*

Ce jour même, 19 novembre, l'ennemi battait le colonel Marty, à la gauche de notre armée, malgré les renforts prêtés par le colonel Rousseau, soit un bataillon de mobiles et les deux pièces de 12 formant la 3e section de la 2e batterie d'artillerie d'Ille-et-Vilaine, commandée par le lieutenant Hardy.

De ce fait, la forêt de Senonches était abandonnée et contournée.

GARDE
Nationale Mobile
DE L'ORNE

A Friaize, le 20 novembre 1870[1], *cinq heures du matin.*

M. le Commandant du 1er Bataillon à
M. le Colonel Rousseau.

Mon Colonel,

Je vous remercie de la confiance que vous voulez bien avoir en moi et j'accepte volontiers la mission[2] *que vous me confiez, quoique la responsabilité en soit lourde. Enfin, je ferai de mon mieux.*

Je viens de faire prévenir la batterie et je partirai moi-même dès que j'aurai pu avertir toutes mes compagnies un peu dispersées.

Du reste, je suis assez bien gardé pour attendre le point du jour.

J'ai une compagnie entière, disséminée dans la forêt de Champrond.

Mes éclaireurs doivent se mettre en route à peu près à cette heure pour s'embusquer au Favril; je leur laisse faire le mouvement; la compagnie restera pour les soutenir et se repliera à l'heure qu'elle jugera convenable sans quitter les bois.

Pour assurer encore mieux sa retraite, je laisse une autre compagnie sur la route de Pontgouin, entre

1. Veille du combat de la Fourche.
2. *Le 20 novembre, à quatre heures et demie du matin, le colonel Rousseau charge le commandant de Montaigu de la défense du centre de sa petite armée, en lui prescrivant de ramener ses troupes en arrière jusqu'à la Fourche et de s'y retrancher.*

Friaize et la forêt, avec ordre d'observer de nos redoutes, la plaine de Chuisnes et des Châtelets; les troupes se trouvent commandées par des capitaines énergiques et prudents à la fois.

A Montireau, j'aurai besoin d'éclaireurs à cheval, pouvez-vous me donner les gendarmes de Montlandon [1].

J'ai l'honneur d'être avec respect, mon Colonel, votre très obéissant serviteur.

Signé : *H. DE MONTAIGU.*

Le 20 novembre, à quatre heures et demie du matin, nous sommes avertis par un éclaireur à cheval de l'occupation de Courville par les Allemands; peu après, à cinq heures, nous recevons l'ordre du commandant de Montaigu de nous replier sur la Fourche.

Nous exécutons l'ordre à cinq heures et demie.

Qu'aurait pu faire, en effet, notre petite troupe de quarante hommes avec ses deux canons, en rase campagne, contre un ennemi nombreux qui est proche?

Le plus sage est de nous retrancher dans une position plus forte. Bien nous en prit, car le lendemain 21 novembre, à onze heures et demie, nous combattions les Allemands, de dix fois supérieurs en infanterie, artillerie et cavalerie.

1. *Le colonel Rousseau n'avait pas de cavalerie; il ne pouvait disposer que des brigades de gendarmerie de la région qu'il avait à défendre.*

Lettre du général Jaurès au colonel Rousseau.

Le Mans, 20 novembre 1870 [1].

Mon cher Colonel,

Le général Fiéreck vient de me remettre le commandement des troupes placées sous ses ordres et qui constituent aujourd'hui le 21e corps.

J'envoie un bataillon de zouaves pontificaux à Laigle renforcer le colonel du Temple. Ce bataillon partira demain matin.

J'ai obtenu 3 bataillons de marine de renfort dont un arrivera cette nuit et les deux autres dans quatre ou cinq jours.

Le bataillon qui arrive cette nuit est un bataillon d'infanterie de marine; je lui donne l'ordre de vous rallier immédiatement à Bretoncelles; dirigez-le sur le centre de vos positions à Longny, à moins que vous ne jugiez convenable de le placer à un point plus avancé.

Je reçois une dépêche de la Guerre ainsi conçue :

« Faites tous vos efforts pour arriver à une prompte concentration de vos troupes en avant de Mortagne et choisissez une bonne position stratégique. Arrangez-vous pour couvrir Mortagne et les routes qui en partent. »

Je compte partir après-demain [2] *pour vous rejoindre,*

1. Veille du Combat de la Fourche.

2. *Le général Jaurès, parti du Mans pour Nogent dans la nuit du 21 novembre pour prendre possession de l'armée dont il vient d'être nommé général en chef, est obligé de s'arrêter à la Ferté-Bernard, par suite de la coupure que la Compagnie de l'Ouest vient de faire à la voie du chemin de fer à 1,800 mètres en avant*

informez-moi de tous vos mouvements par télégraphe. J'ai demandé de l'artillerie, je vais hâter l'organisation d'une batterie de 12 qui se trouve ici [1].

Le général commandant le 21e corps,

Signé : *JAURÈS.*

La Fourche, 21 novembre matin.

Mes chers Parents,

Nous sommes depuis hier dans un petit village appelé La Fourche, à six lieues en-deçà de la barricade des Châtelets que nous occupions hier; nous sommes à deux lieues au-delà de Nogent-le-Rotrou.

Ce recul de notre corps est survenu à la suite d'un échec de nos troupes vers Pontgonin.

Les bois de Senonches, la forêt de Montécot et Landelles sont occupés par les Allemands; nous avons entendu une canonnade qui nous a été favorable, mais, dans la nuit du 19 au 20, les Prussiens venaient jusqu'à La Loupe; nous étions donc près d'être cernés.

Hier, ils étaient à Champrond que nous venions de traverser une heure et demie auparavant.

Mais maintenant, nous sommes à l'abri, notre position de la Fourche est dominante, notre partie est belle.

Votre fils,

G. M.

de Nogent. Le général est obligé de prendre une voiture et arrive à Bellême, où le colonel Rousseau lui remet ses troupes en retraite le 22 novembre, à une heure de l'après-midi.

1. *Cette batterie de 12 est la 3e d'Ille-et-Vilaine, commandée par le capitaine Lhémery.*

Lieutenant en premier J. MARÇAIS

Combat de La Fourche.

21 novembre 1870.

Le village de La Fourche (Orne) à 8 kilomètres de Nogent-le-Rotrou, est une réunion de quelques maisons,

Il est occupé par nos 2 pièces de 12, deux obusiers de montagne et trois bataillons (dont 2 seuls furent engagés) de la garde mobile de l'Orne et du Calvados armés de fusils à tabatière; ces troupes sont sous les ordres du commandant de Montaigu chargé par le colonel Rousseau de la défense du centre de sa petite armée. Dès notre arrivée dans ce village, le 20 au matin, nos hommes s'installent dans une bergerie nouvellement abandonnée de son troupeau.

La barricade établie à cet endroit n'a pas d'embrasures, notre lieutenant se voit obligé de placer ses 2 pièces d'artillerie en avant, dans les champs, à droite et à gauche de la route, et les caissons derrière la barricade.

Il fait préparer de suite de nouveaux épaulements.

L'infanterie s'occupe à divers travaux de défense sur la route de La Loupe par où l'ennemi peut venir.

Le lendemain 21 novembre, vers onze heures,

un cri : « *aux armes* » nous surprend au milieu de nos préparatifs qui sont loin d'être terminés, c'est l'ennemi qui est signalé.

Nos artilleurs et l'infanterie se mettent immédiatement en mesure de se défendre.

Pour aider à bien suivre l'action, je vais décrire sommairement le lieu où nous combattons.

Les deux routes, celle de Champrond et celle de La Loupe, se rejoignent pour n'en plus former qu'une, qui va à Nogent. Ce croisement, qui a réellement la forme d'une fourche à 2 branches, est dénommé La Fourche.

Nos deux pièces y sont placées et braquées sur la route en pente assez rapide allant vers Champrond.

Deux kilomètres plus loin, la route, contournant un petit bois, fait d'abord un détour à droite, puis brusquement à gauche; à cet endroit se trouve une petite ferme tenant auberge.

Ce tournant et cette ferme s'appellent *Houdangeau.*

Au-dessus de ce petit bois, et à gauche, est une butte appelée La Papotière, qui nous cache la continuation de la route, et par conséquent les mouvements de l'ennemi.

C'est sur cette butte qu'à onze heures nous avons vu quelques cavaliers allemands, ce qui avait occasionné l'appel aux armes.

A la droite immédiate de nos pièces est le bois de Morissure, où les mobiles vont se placer en tirailleurs de soutien pour nous empêcher d'être contournés.

Deux petits obusiers de montagne s'engagent dans ce bois.

Nos deux canons de 12 rayés, tels qu'ils sont placés, se trouvent complètement à découvert, n'ayant pas eu le temps de finir nos épaulements.

Revenons au combat,

Il est onze heures et demie.

Au tournant de Houdangeau, nous voyons tout à coup apparaître une colonne compacte d'infanterie allemande qui s'avance vers nous, marchant au pas, l'arme sur l'épaule, dans un ordre parfait.

Notre premier mouvement est celui de la surprise de voir autant de calme audace chez nos ennemis.

Sans doute il ne nous savent pas si près d'eux !

Notre étonnement se change bientôt en un furieux désir de les repousser. L'infanterie des mobiles de soutien, cachée dans le bois de Morissure, leur envoie une vigoureuse salve de mousqueterie.

C'est alors que le lieutenant Marçais commande le feu.

Le premier obus bien pointé jette la panique parmi ces audacieux Bavarois qui battant vivement en retraite emportent leurs nombreux blessés,

Un groupe de cuirassiers allemands apparaît alors et tente une charge, mais nos pièces saluent ces cavaliers de plusieurs obus qui les mettent à mal.

Hommes et chevaux roulent sur la route.

Les autres tournent bride et disparaissent.

Notre canonnade reçoit bientôt une terrible réponse.

Dans le bas de la côte, à 2,200 mètres de distance et à 30 mètres en contre-bas de notre position, 4 pièces allemandes sont mises en batterie, 2 sur les côtés de la route, les 2 autres en avant de la ferme de Houdangeau; elles nous lancent force obus qui heureusement passent au-dessus de nos têtes.

2 autres pièces sont en réserve, n'ayant pas d'emplacement pour nous combattre.

Si nous n'avions eu que ces canons contre nous, la lutte n'eût pas été trop inégale, mais sur la butte même de la Papotière, à 2,500 mètres à notre gauche, et nous dominant de 20 mètres, nous voyons successivement 12 pièces de canon se mettre en position et faire feu.

Comme on le voit, nos 2 canons avaient à combattre 18 pièces allemandes.

Cette lutte par trop disproportionnée n'émeut pourtant pas nos artilleurs; ils sont vraiment sublimes de courage et de sang-froid, malgré cette quantité d'obus qu'ils voient passer sur leurs têtes, éclater à côté d'eux, démolir les maisons du village avec un fracas épouvantable, effrayer nos chevaux et renverser un de nos caissons.

Ne pouvant répondre aux 18 pièces allemandes, nous dirigeons exclusivement notre feu sur les

Maréchal des Logis Chef

G. MARTINEAU

4 pièces de Houdangeau. Nos premiers obus, dirigés sur les deux pièces de la ferme, l'incendient et nous voyons plusieurs officiers et beaucoup de soldats bavarois, qui s'y étaient cachés, se sauver en emportant leurs blessés.

Dans le cours du combat d'artillerie qui dura plus de deux heures, nous avòns complètement démonté deux de leurs canons, qui dureste ont été remplacés immédiatement par deux autres, nous avons de plus détérioré plusieurs de leurs pièces mises en réserve derrière la ferme incendiée par nos projectiles.

Le commandant de Montaigu, de la mobile de l'Orne, chargé de la défense de La Fourche, voyant nos deux pièces en grand danger et cherchant une position meilleure pour elles, nous emmène, mon lieutenant et moi, dans le bois de Morissure, pour trouver un emplacement moins périlleux.

Inutile d'y songer, car en cas d'échec l'ennemi nous eût certainement pris dans ce bois, vu la difficulté de nous en retirer.

C'est dans ce bois que nous voyons les deux obusiers de montagne, servis par la mobile de Maine-et-Loire.

Ces pièces, dont l'une a été démontée et ses servants blessés, cessent le feu : leur tir n'atteignant pas du reste l'ennemi.

C'est par un bonheur incroyable qu'aucun de nos artilleurs ne soit blessé, et pourtant le tir des Allemands est juste, puisqu'un de nos canons a son levier de pointage brisé, l'autre sa hausse cassée et un caisson renversé par nos chevaux effrayés de l'éclatement d'un obus.

Le lieutenant Marçais (civil encore il y a trois mois) conduit le combat avec l'énergie et le sang-froid d'un officier de carrière.

A la fin de l'action, un obus éclate près le commandant de Montaigu et le lieutenant Marçais, à cheval tous deux pour surveiller le combat ; un des éclats blesse légèrement le commandant à l'œil, et un autre déchire au pâturon, la jambe du cheval de notre lieutenant.

La lutte devenant impossible, l'ordre nous est donné de cesser le feu.

Les avant-trains sont amenés, et nous plaçons nos canons et caissons à l'abri derrière la barricade.

Nous restons là pendant plus d'une heure, pendant laquelle les sous-officiers disponibles de la batterie et leurs artilleurs vont faire le coup de feu à la barricade avec l'infanterie.

Les Allemands, n'ayant plus à craindre notre artillerie, envoient immédiatement de l'infanterie en avant, sous la protection de leurs canons; mais nos mobiles et un bataillon de chasseurs à pied arrivé pour leur donner son appui ferment la barricade qui barre la route avec des arbres et des branches, et commencent une fusillade bien nourrie, qui arrête pendant plus de trois heures encore la marche de nos adversaires, qui n'osent plus avancer.

Il fait nuit lorsque nous nous replions sur

Nogent-le-Rotrou, où nous entrons vers six heures du soir.

Dans notre retraite sur Nogent, nous rencontrons vers Margon un bataillon d'infanterie mobile d'Ille-et-Vilaine, commandant Sisom, qui accourt donner main-forte pour empêcher l'ennemi de nous poursuivre; il aida puissamment à protéger notre retraite pendant toute la nuit, en tuant beaucoup de cavaliers bavarois qui poussaient des pointes hardies sur Nogent.

MARÉCHAL DES LOGIS FOURRIER

E. GIFFARD

Combat de Thiron-Gardais

D'après le récit communiqué par le capitaine Clocheret.

Le 20 novembre, la section du centre, commandée par le capitaine Clocheret, reçoit l'ordre de partir, elle s'arrête à Montigny, à quelques kilomètres d'Illiers.

Arrivée à cet endroit, à deux heures de l'après-midi, elle va camper au milieu d'une prairie.

Elle est placée sous les ordres du lieutenant-colonel des Moutis, qui a avec lui 5,000 hommes d'infanterie, sans artillerie.

Dans la nuit de ce jour, le colonel, apprenant que l'ennemi s'est emparé de la forêt de Senonches, de Champrond et de Montlandon, donne l'ordre à toutes ses troupes de battre en retraite sur Nogent-le-Rotrou.

Réveillés vers minuit, nos artilleurs replient leurs tentes et refont leurs paquetages en toute hâte par une nuit profonde.

En avant de Thiron-Gardais, quelques fuyards venant de Champrond inspirent au colonel la crainte d'être coupé s'il continue sa route vers Nogent.

Une reconnaissance faite par quelques éclaireurs confirme bientôt ses soupçons; l'ennemi a en effet comme objectif de nous arrêter à Thiron pendant la retraite.

Le colonel des Moutis résout immédiatement de se défendre.

Chargé par lui de chercher la position la plus avantageuse pour le tir et après l'avoir reconnue, le capitaine Clocheret place sa section sur une hauteur près la lisière d'un bois pourvu de gros arbres laissant peu de chances à l'ennemi de bien apprécier la force de son artillerie, tout en le mettant à même de le surprendre en commençant l'attaque.

De cette position, les pièces peuvent battre efficacement la route de Nogent, la vallée située à sa gauche et la route de Champrond traversant une colline couronnée d'un petit bois et par laquelle, peu après, les éclaireurs ennemis, accueillis par un feu très vif de notre infanterie, se voient tuer beaucoup de cuirassiers blancs.

Au bout d'une heure et sans avoir pu tirer parti de sa situation, ordre est donné au capitaine Clocheret de battre en retraite sur la route d'Authon où déjà plusieurs compagnies d'infanterie se sont repliées.

A peine arrivé au sommet de la colline opposée, le capitaine met ses deux pièces en batterie sur la route même, pour soutenir la retraite de l'infanterie et empêcher la cavalerie allemande de nous poursuivre.

Ce but est bientôt atteint, car au premier coup de canon les cavaliers ennemis rebroussent chemin.

Mais aussitôt le capitaine Clocheret a affaire à deux pièces d'artillerie qui viennent de se mettre en batterie à couvert dans le bois, à 900 mètres environ de nous.

Une quarantaine de coups de canon tirés sur elles suffisent pour éteindre leur feu et les forcer à se replier.

Une des deux pièces allemandes est complètement démontée et plusieurs servants de l'autre pièce tués ou blessés.

Leur tir est excellent, car quelques-uns de nos chevaux sont blessés, mais aucun de nos camarades n'est atteint, par ce fait sans doute que les obus s'enfonçant dans la terre labourée et mouillée n'éclatent pas.

Un de ceux-ci, fouillant la terre sous les pieds du maréchal des logis fourrier Delalande, le culbute sans lui causer aucun mal.

Pendant cet intervalle, l'infanterie qui n'avait pris qu'une faible part au combat avait pu se dégager. Le colonel des Moutis, menacé d'être contourné par sa gauche, n'abandonne sa position de Thiron qu'à la nuit ; il se replie sur Authon où un ordre du colonel Rousseau lui enjoint de rallier l'armée à Bellême en passant par Nogent [1],

1. Lettre du colonel Rousseau au colonel des Moutis :

Nogent, 21 novembre, 8 heures du soir.

Mon cher Colonel,

Nous avons été repoussés par des forces considérables; si vous avez eu le bonheur de pouvoir gagner Authon, ne perdez pas une minute et venez à Nogent. Montmirail doit être occupé par les Prussiens.

Soyez prudent et gardez-vous bien.

Je compte sur vous.

Signé : *ROUSSEAU.*

ville dans laquelle nous ne faisons que passer à cinq heures et demie du matin, le 22.

Notre troisième section, commandée par le lieutenant Hardy, qui avait été prêtée au colonel Marty par le colonel Rousseau, était partie de Champrond-en-Gâtine, le 18 novembre, pour Senonches.

Dans la journée du 19, les Allemands en force s'étaient présentés à Châteauneuf-en-Thimerais et avaient forcé cette position.

Le colonel Marty avait été battu à Jaudrais, où nos deux pièces, prenant une réelle position de défense, eurent à soutenir la retraite de l'infanterie.

Le lieutenant Hardy fut assez heureux de n'avoir aucun de ses hommes blessé.

La section rejoignit les deux autres, le 23 au soir, à Beaumont-sur-Sarthe.

Nous pouvons être fiers de notre baptême du feu, car à La Fourche nos deux pièces de canon et 1,800 fantassins français ayant pris part au combat ont tenu en échec 18 pièces allemandes et plus de 5,000 ennemis engagés dans l'action. Les Bavarois perdirent là 500 des leurs et eurent deux canons démontés.

A Thiron-Gardais, 3,000 mobiles soutinrent le choc de 7,000 combattants allemands dont les pertes furent considérables; deux de leurs pièces furent mises hors de service par les nôtres.

Maréchal des Logis Fourrier

G. DELALANDE

Lettre écrite à M. Martineau père par M. Eugène Daigneau, maire de Champrond-en-Gâtine, bourg occupé par les Allemands au moment du combat de La Fourche.

Champrond-en-Gâtine, novembre 1870.

Mon cher Monsieur Martineau,

Nous étions très inquiets sur le sort de Gédéon dont nous n'avions aucune nouvelle depuis le 20 novembre au matin qu'il nous a quittés avec sa section pour se retrancher à La Fourche.

Il s'en est bien peu fallu que nos mobiles aient été surpris à Champrond par les Prussiens qui, le dimanche, d'assez bonne heure, occupaient les positions que ceux-là avaient quittées le matin, à Friaize et aux Châtelets, et faisaient leur entrée à sept heures et demie le lendemain à Champrond, qui n'avait été entièrement évacué que pendant la nuit.

Nous ne savions pas l'ennemi aussi près de nos portes. Les fatigues que j'avais éprouvées par l'occupation de nos troupes depuis un mois m'avaient forcé de garder le lit, mais il a bien fallu le quitter quand l'avant-garde prussienne est arrivée à bride abattue en face de ma maison, en demandant le Maire et le pressant de suivre pour aller à l'encontre du corps d'armée qui s'était arrêté à un demi-kilomètre du bourg.

A partir de ce moment, je ne ressentis plus du tout mon indisposition; je partis sans la moindre émotion devant le commandant qui, après différentes questions, m'invita à l'accompagner en tête de ses troupes jusqu'à l'extrémité de Champrond, où je dus rester pendant la plus grande partie du passage, qui s'est continué jusqu'à deux heures du jour.

Pendant mon absence, le pillage se faisait dans toutes les maisons, suivant l'habitude des troupes allemandes, et la mienne, bien entendu, n'était pas plus épargnée que les autres.

On estime les forces de l'ennemi qui a passé à Champrond la première journée à 20,000 hommes d'infanterie et cavalerie avec 70 pièces de canon.

Les ambulances qui étaient à Champrond, sans compter celles de Montlandon, ni celles près le lieu du combat, ont, à elles seules, reçu le soir même 280 blessés, tant officiers que soldats.

Plusieurs officiers bavarois, dont un colonel, succombèrent à leurs blessures; ils furent inhumés dans le cimetière de Champrond; je sais que les soldats tués à Houdangeau ont été enterrés près la ferme.

Nous entendions parfaitement la canonnade qui se faisait à La Fourche. . . . .

. . . .

. . . .

Recevez pour vous et Madame Martineau l'assurance de mon amitié bien sincère.

Signé : *Eug. DAIGNEAU.*

Copie d'un Rapport officiel.

Extrait du Rapport du commandant du 1er bataillon de la Garde mobile de l'Orne sur le combat de La Fourche (Orne).

21 novembre 1870.

. . . .

. . . .

Le poste de La Fourche restait donc occupé par 3 bataillons seulement, sous les ordres du commandant de Montaigu (1er bataillon), par 2 pièces de 12 [1] et 2 obusiers de montagne [2] arrivés le matin même de Nogent.

Il prit les dispositions suivantes :

. . . .

. . . .

Les 2 pièces de 12 en avant des barricades sur les deux côtés de la route, seul champ de tir possible; les deux obusiers de montagne à droite, dans une bruyère au-dessus de la Pépinière.

A onze heures, quelques cavaliers ennemis parurent en face de La Fourche, sur la butte de la Papotière, puis une batterie de 12 pièces y prit position, pendant qu'une colonne d'infanterie descendant la route de Champrond-en-Gâtine, débouchait au tournant de Houdangeau.

1. *C'est la première section de la 2e batterie d'artillerie mobile d'Ille-et-Vilaine, sous les ordres du lieutenant Marçais.*

2. *Ces pièces sont servies par la mobile de Maine-et-Loire.*

Accueillie par le feu de nos pièces, la colonne recula immédiatement et fit place à une nouvelle batterie qui prit nos barricades en écharpe.

Notre artillerie, ne pouvant répondre à la batterie de la Papotière, hors de notre portée, dirigea exclusivement ses feux sur Houdangeau.

Les troupes qui occupaient la ferme durent l'évacuer devant l'incendie allumé par nos obus.

Nos pièces, quoique dominées par celles de la Papotière et trop à découvert (on n'avait pas eu le temps de construire les épaulements), écrasées en outre par la supériorité numérique, répondirent pourtant pendant plus de deux heures au feu de l'ennemi dont la précision était devenue extrême.

A ce moment une pièce de 12 eut sa hausse brisée, et un obusier fut démonté; plusieurs de ses servants étaient blessés; les conducteurs ne pouvaient maintenir leurs attelages au milieu desquels les projectiles éclataient de toutes parts; il fallut cesser le feu.

. . . .

Dans ce combat, le premier qu'ils aient eu à soutenir, les hommes ont montré une grande solidité sous le feu incessant de 18 pièces de canon, tonnant sans relâche pendant quatre heures et demie et convergeant toutes sur le même point.

. . . .

. . . .

Le commandant doit citer encore le lieutenant d'artillerie Marçais et le maréchal des logis chef Martineau, qui ont fait preuve l'un et l'autre d'autant d'intelligence que de bravoure.

. . . .

. . . .

Pertes. — Les pertes des 2 bataillons engagés, le 1er de l'Orne et le 4e du Calvados, ont été de 1 officier tué et 3 blessés, 20 hommes tués et 52 blessés.

Forces ennemies. — L'ordre des marches des troupes allemandes trouvé par hasard à Berfay, et remis au colonel Rousseau, indiquait que la moitié du 1er corps bavarois devait marcher sur Nogent, par La Fourche.

M. le docteur Libert, médecin du bataillon, qui n'avait pas voulu abandonner nos blessés au moment de la retraite, fut pris avec l'ambulance et retenu trois jours dans le camp prussien... Des officiers lui ont avoué que le duc de Mecklembourg qui les commandait avait avec lui 18,000 hommes et en avait engagé 12,000.

. . . .

. . . .

Le chef du 1er bataillon de la garde mobile de l'Orne, chargé de la défense de La Fourche, par ordre du colonel Rousseau, chef d'État-Major du général Fiéreck, du 20 novembre 1870.

Signé : *H. DE MONTAIGU.*

Ce rapport est compris dans l'historique des opérations du bataillon ; historique demandé par le Ministre de la Guerre, à chaque chef de corps et envoyé le 28 août 1871.

Extrait du Rapport officiel du colonel Rousseau, classé aux archives du Ministère de la Guerre.

. . . .

. . . .

Arrivés sur les hauteurs qui dominent Condé, nous pûmes de là être témoins de la « *Belle défense de La Fourche,* » sur l'autre versant de la vallée de l'Huisme.

Le commandant de Montaigu, attaqué par des forces considérables, appuyées par 18 pièces de canon, répondait avec les 2 pièces de 12 d'Ille-et-Vilaine et ses 2 obusiers de montagne; mais vers quatre heures du soir, l'ennemi commençait à le tourner par la gauche; deux compagnies

MARÉCHAL DES LOGIS LEFEBVRE

rangées en bataille le long de la route le recevaient par un feu nourri exécuté avec beaucoup de sang-froid et l'empêchaient d'avancer.

Il était évident que la position n'était plus tenable, je me portai immédiatement à Nogent pour organiser la retraite.

Le commandant de Montaigu profita de la nuit tombante pour évacuer La Fourche; il n'y laissa ni une pièce ni une voiture; il avait une vingtaine de morts, dont le capitaine Lefebvre, du 1er bataillon de l'Orne, 3 officiers et 52 hommes blessés qui furent laissés aux soins de l'ambulance du 1er Bataillon de l'Orne, dirigée par le docteur Libert[1]; il se retira alors sur Nogent.

Cette retraite fut protégée par un bataillon de la Mobile d'Ille-et-Vilaine, commandant Sisom, arrivé le matin à Nogent et que j'envoyai pour la couvrir à 4 kilomètres de Nogent, où il s'établit solidement et passa la nuit.

La position de Thiron-Gardais avait été attaquée par 2 pièces seulement; le colonel des Moutis avait 2 pièces de 12 d'Ille-et-Vilaine[2] qui

1. Episode... *Le docteur Libert, de retour au bataillon, affirma le fait odieux suivant :*

Deux hommes du 4me bataillon du Calvados n'ayant pas pu se replier avec la compagnie et craignant d'être faits prisonniers, se réfugièrent à l'ambulance.

Un officier bavarois, trouvant l'un d'eux parmi les blessés, le fit passer immédiatement par les armes.

L'autre ne fut sauvé que grâce à la présence d'esprit du docteur Libert qui fit semblant de le panser après lui avoir fait une profonde incision à la main.

2. *C'est la 2e section, commandée par le capitaine Clocheret.*

parvinrent à démonter l'une des deux pièces ennemies, en sorte que le combat se maintint pour lui dans des conditions avantageuses; il tua beaucoup de cuirassiers; mais, vers la fin de la journée, l'ennemi le tournant par sa gauche, il dut abandonner le soir la position de Thiron et descendre vers Authon en me faisant donner avis de sa nouvelle position.

. . . .

. . . .

J'envoyai immédiatement au colonel des Moutis l'ordre de rallier sur Bellême en passant par Nogent, et je fus assez heureux que ce mouvement s'accomplît sans encombre.

. . . .

Le commandant de Montaigu et le colonel des Moutis ont eu sur les bras le corps d'armée bavaroise, ce qui suppose 30,000 hommes, auxquels ils ont tenu tête pendant la journée avec 5,000 hommes au plus.

Notre artillerie, composée de 4 pièces de 12 et de 2 obusiers de montagne, a eu à combattre 20 pièces allemandes.

Extrait des notes particulières du colonel Rousseau.

Lorsque le colonel Rousseau a livré les combats du 21 novembre 1870 aux environs de Nogent, il avait sous ses ordres 9 bataillons de mobiles, 1 bataillon d'infanterie de marine, un demi-bataillon de chasseurs à pied, 6 obusiers de montagne et 4 pièces de 12 de la 2e batterie d'artillerie d'Ille-et-Vilaine, bien mal outillées, attelées avec des colliers de paille, les traits de cordes, et les cavaliers montés sur des couvertures, sans selle.

Cette batterie n'a qu'un caisson par pièce et n'est par suite approvisionnée qu'à 72 coups ; elle ne peut, en outre, être mise en mouvement à cause de l'insuffisance des attelages, on ne doit la considérer que comme artillerie de position [1].

C'est avec ces troupes qu'il a tenu tête pendant toute une journée au corps du grand-duc de Mecklembourg.

Les forces concentrées à La Madeleine-Bouvet, Bretoncelles et La Fourche ont tenu jusqu'à la nuit, celles de Thiron-Gardais ont cédé vers la fin de la journée; mais du reste il fallait bien céder au nombre sous peine d'être enveloppé.

Le colonel dirigea la retraite sur Bellême afin de se rapprocher de Mortagne, qu'il avait ordre de couvrir et rejoindre si possible les troupes du colonel Marty qui avaient combattu à Senonches.

1. *Cette batterie (la 2me d'Ille-et-Vilaine) malgré l'imperfection et la mauvaise qualité de ses attelages, n'en a pas moins fait les campagnes de l'armée de l'Ouest et de l'armée de la Loire et a combattu à La Fourche et à Thiron le 21 novembre ; à Poisly les 8, 9 et 10 décembre 1870, Yvré-l'Evêque, le 11 janvier 1871, et a parcouru pendant la guerre près de 1,800 kilomètres par des routes défoncées et boueuses.*

Ordre de Marche de l'Armée Allemande sous les ordres du Grand-duc de Mecklembourg.

Le 21 novembre 1870, jour des Combats de la Fourche et Thiron.

Ordre du jour 21 novembre.

L'ennemi qui s'était opposé à la marche d'aujourd'hui a été rejeté de partout et s'est retiré dans la direction de Nogent.

Les renseignements venus de différents côtés s'accordent à dire qu'on a fait des retranchements près de Nogent-le-Rotrou.

Il faut donc admettre que l'ennemi est décidé à une résistance sérieuse.

S. A. R. a l'intention de l'attaquer et décide en conséquence :

La 17e division d'infanterie s'avancera ..... (mot laissé en blanc) et enverra son avant-garde dans l'arrondissement de Bellême et attendra des ordres ultérieurs.

La 22e division d'infanterie se placera sur la rivière (l'Huisme probablement) en face de Nogent-le-Rotrou, s'avancera sur cette ville et l'attaquera par l'Ouest.

Le 1er corps bavarois s'avancera sur Nogent et attaquera cette ville en l'enveloppant par l'Est.

La 6e division de cavalerie se placera sur la route de Nogent à Brou et enverra un détachement sur la route de Nogent à la Ferté-Bernard pour empêcher la jonction de l'ennemi.

Le général de Schmitt indiquera la direction que devront prendre les détachements.

La 4e division de cavalerie gardera la route de Chartres à Versailles, occupera Bonneval et cherchera à opérer sa jonction avec la 2e division de cavalerie près Toury.

Le départ des troupes doit être combiné de manière à entrer à Nogent-le-Rotrou à midi et commencer l'attaque avec ensemble.

A la même heure, la 17e division d'infanterie et la 6e division de cavalerie devront occuper les emplacements qui leur ont été indiqués.

Les trains et bagages resteront en arrière.

S. A. R. le grand-duc de Mecklembourg se trouvera à onze heures à la jonction de la route de Nogent à La Loupe et de Nogent à Courville (Hameau de La Fourche).

Signé : A. R. Gd DUC DE MECKLEMBOURG.

Cet ordre de marche du grand-duc de Mecklembourg jette un grand jour sur la situation.

Le colonel Rousseau avait prévu en partie les dispositions prises par l'ennemi.

Le grand-duc ne réussit que partiellement dans ses projets, puisqu'il ne put occuper Nogent-le-Rotrou que le lendemain matin 22 novembre, après les combats de la Fourche et Thiron-Gardais, énergiquement soutenus par nos troupes.

LETTRE La Ferté-Bernard, 22 novembre 1870, matin.

Capitaine commandant la 3e batterie d'artillerie mobile d'Ille-et-Vilaine à colonel Rousseau, à Nogent-le-Rotrou.

J'arrive à La Ferté-Bernard avec une section de 3 canons de 12 et 3 caissons [1]. *Nous attendons des ordres. Je trouve à La Ferté, 6 à 700 hommes d'infanterie, je reste avec eux jusqu'à nouvel ordre.*

Signé : LHÉMERY.

DÉPÊCHE

La Ferté-Bernard, 22 novembre.

Capitaine Oudry à général Jaurès, à Bellême.

Par suite de la retraite du poste de La Fourche, situé en avant de Nogent-le-Rotrou, 10 officiers et 600 à 700 hommes d'infanterie mobile se trouvent à La Ferté-Bernard [2].

1. *Section d'artillerie partie du Mans par ordre du général Jaurès et arrivée à La Ferté-Bernard le 22 novembre au matin, trop tard pour prendre part au combat.*

Cés 3 pièces n'ont pu venir jusqu'à Nogent, car la voie du chemin de fer avait été coupée à 1,800 mètres en avant de Nogent, dans la nuit du 21 au 22.

2. *Six compagnies de l'Orne et du Calvados parties sans ordres de Nogent dans la nuit du 21 novembre et égarées à La Ferté-Bernard.*

Le 22 à la nuit tombante, ces mobiles eurent une courte escarmouche avec un détachement de la 6e division de cavalerie allemande.

Je vous prie, mon général, de donner des ordres et le point où ils pourront rejoindre leurs bataillons.

Il vient d'arriver du Mans, en gare de La Ferté, une demi-batterie d'artillerie, commandée par le capitaine Lhémery (3e d'Ille-et-Vilaine).

Quelle direction doit-elle prendre ? [1]

Signé : *OUDRY.*

DÉPÊCHE

La Ferté-Bernard, le 22 novembre, à 4 h. 42 soir.

Secrétaire général à général Jaurès, à Mamers.

Ordre du Ministre de vous rendre immédiatement au Mans.

Grand désordre à La Ferté. Pas de chefs.

Gambetta arrive au Mans avec forces considérables.

Signé : *Auguste JUIGNEAU.*

1. *Un ordre télégraphique de Bellême, du général Jaurès, enjoignit à ces troupes (artillerie et infanterie) de rallier l'armée à Beaumont-sur-Sarthe où elles arrivèrent le lendemain 23 au soir.*

LIEUTENANT EN SECOND

HARDY

En Retraite.

21 novembre 1870 soir.

La retraite commence; nous entrons vers six heures du soir dans Nogent-le-Rotrou au milieu d'un pêle-mêle incroyable de mobiles.

Sans dételer nos chevaux, nous restons sur la place sous une pluie abominable.

Le 22, à trois heures du matin, le colonel Rousseau nous donne l'ordre de marche.

Nous devions primitivement nous diriger sur Le Mans par La Ferté-Bernard; mais le colonel, ayant reçu l'ordre de couvrir Mortagne, nous fait passer par Berdhuis et Bellême (Orne), où nous arrivons le matin du 22 après avoir essuyé une pluie battante pendant toute la nuit.

Nos 2 pièces, leurs caissons et les chevaux sont placés dans la cour de la gendarmerie.

Nous faisons du feu ; à peine nous en approchons-nous qu'un nuage de vapeur nous enveloppe, tellement nos vêtements sont imprégnés d'eau; nous étendons de la paille dans les chambres où tout de suite nous dormons.

Exténués de fatigue et trempés jusqu'aux os, nous nous reposons une partie de la matinée, sans même penser à manger le biscuit qui forme toute notre provision de bouche.

Nous restons à Bellême le jour et la soirée du 22.

Ce jour-là nous voyons avec joie arriver la section du capitaine Clocheret qui a combattu à Thiron-Gardais et qui a dû se replier comme nous.

Ses pauvres chevaux, comme les nôtres, étaient éreintés, car après une marche insensée de deux jours et une nuit, ils arrivaient à Bellême pour repartir quelques heures plus tard, n'ayant comme nourriture que de la paille.

Vers midi, alerte!

Ordre est donné à la section du lieutenant Marçais de prendre position sur une promenade dominant la campagne; et, à la section du capitaine Clocheret sur la route de Nogent-le-Rotrou à la sortie de la ville.

Nous attendons dans ces positions.

Une multitude de mobiles et de soldats de l'armée régulière arrivés de toutes les directions, ne sachant par où se diriger, errent pêle-mêle dans les rues.

Un bataillon d'infanterie de marine est envoyé en grand'garde à Favernes, sur les derrières des troupes en retraite.

C'est le 22 novembre que pour la première fois nous voyons le général Jaurès (ex-capitaine de vaisseau) qui vient prendre le commandement de cette armée désorganisée[1].

Il fait presque nuit et, depuis midi, nous sommes en position de combat, sans recevoir d'ordre.

1. Nota : *Lire lettre du général Jaurès au colonel Rousseau. Page 46.*

Ennuyé d'attendre, notre lieutenant fait demander par une estafette, au général, ce qu'il faut faire.

Après avoir pris des renseignements, le général lui fait dire de prendre une nouvelle position à une barricade établie sur la route de Rémalard.

L'ordre est insensé, car à peine avons-nous parcouru quelques centaines de mètres que nous rencontrons le bataillon de marine qui se replie en bon ordre après s'être vaillamment battu avec les Allemands qui nous poursuivent en grand nombre.

La nuit est complètement tombée.

Nous faisons halte.

Le lieutenant Marçais envoie aussitôt le maréchal des logis fourrier Giffard à 150 mètres en avant, avec 10 hommes pour surveiller les mouvements de l'ennemi pendant que la section fait volte-face.

Nos 2 pièces forment ainsi arrière-garde sans soutien, puisque l'infanterie de marine a continué sa marche en arrière.

Situation périlleuse et inusitée pour de l'artillerie.

Nous rétrogradons et ne trouvons plus sur la route et dans la ville que des traînards; toutes les troupes s'étaient sauvées.

Les zouaves pontificaux, malgré la fatigue d'une marche de 40 kilomètres qu'ils viennent de faire pour rejoindre l'armée, sont chargés par le général Jaurès de protéger la retraite sur la route de Rémalard.

Les Prussiens s'arrêtent à 500 mètres d'eux et

n'osent entrer dans Bellême qu'après leur départ, vers 7 à 8 heures du soir.

A la tombée de la nuit, le capitaine Clocheret, ne voyant plus d'infanterie autour de lui pour le soutenir, avait envoyé un exprès auprès des autorités de la ville à l'effet de savoir où s'était portée notre petite armée.

Apprenant que la retraite s'effectue et pensant que c'était par un regrettable oubli qu'il n'était point informé de ce mouvement, il résolut de quitter sa position pour se porter sur Mamers.

Il traverse Bellême au moment même où l'avant-garde allemande y faisait son entrée.

Il s'en est fallu de peu qu'il ne la rencontre.

Nous voyageons toute la nuit sous une pluie battante.

Pendant la journée et la nuit du 22, aucune nourriture, si ce n'est de la paille, n'a pu être donnée à nos chevaux, faute de fourrage ; quant aux hommes, c'est avec leur argent qu'ils ont pu manger.

Enfin, le 23, à une heure du matin, nous arrivons à Mamers. La section du capitaine nous rejoint quelques heures après.

Depuis la fin du combat de La Fourche jusqu'à maintenant, la pluie n'a cessé de tomber à torrents. Les routes, défoncées par cette multitude de soldats, deviennent impraticables; les pauvres mobiles ont une peine infinie à marcher.

Heureusement qu'à Mamers, nous trouvons du

foin et de l'avoine pour nos chevaux; quant aux hommes, ils ne peuvent se procurer que du pain et du beurre.

Nos pièces sont parquées sur la place, les chevaux sont dispersés dans des écuries avoisinantes.

Nous sommes très inquiets de notre 3e section dont nous n'avons pas de nouvelles.

Nous pouvons rendre grâce aux habitants de Mamers, qui, malgré l'heure avancée, viennent chercher des soldats pour les héberger.

Mon camarade Giffard, maréchal des logis fourrier et moi, sommes emmenés par de braves gens qui nous servent un repas auquel nous faisons honneur.

Un lit nous attend.

Quelle joie de pouvoir changer de linge, de faire sécher nos vêtements trempés et de nous allonger dans des draps; il y a plus de 8 jours que nous ne nous sommes pas déshabillés.

Nous dormions d'un lourd sommeil depuis trois heures à peine, lorsque notre hôte frappe violemment à notre porte, nous disant que toute la troupe se sauve et que l'ennemi est proche.

Nous prenons à peine le temps de nous vêtir et courons sur la place où nos 2 sections sont déjà attelées.

Le capitaine Clocheret, ne recevant aucun ordre, prend sous sa propre responsabilité de partir à cinq heures du matin de Mamers dans la direction de la Hutte.

Nous suivons le flot sous une pluie de neige fondue qui nous glace jusqu'aux os.

La pensée que les Prussiens sont sur nos pas (c'est le bruit qui court dans cette troupe désorganisée) affole tous ces pauvres moblots; alors ce n'est plus une retraite que l'armée opère.

C'est maintenant la panique, l'affreuse, la hideuse panique qui empoigne depuis le simple soldat jusqu'à l'officier.

C'est un affolement; les soldats jettent leurs armes dans les fossés, ainsi que leurs sacs, pour mieux courir; ils ne conservent que leur demi-couverture ou leur toile de tente pour se garantir contre la pluie battante.

Ces fantassins, mal vêtus, habillés de leur blouse d'ordonnance en toile bleue, traînent leurs pieds presque nus dans la boue gluante.

Il nous faut empêcher ces pauvres mobiles éreintés de prendre nos caissons et canons d'assaut pour s'y asseoir, car ces malheureux, s'endormant de suite, tombent écrasés sous les roues, sans que personne puisse s'en occuper.

Ces marches de nuit et de jour, sans fin, sans repos, sans nourriture, depuis le 20 novembre, les épuisent.

Beaucoup se laissent tomber sur les tas de pierres cassées de la route pour s'y reposer, d'autres, rompus de fatigue, s'asseoient sur le rebord des fossés.

Leurs souffrances sont atroces!

Ah! combien de ces malheureux n'ont pu se relever et combien sont morts d'épuisement ou de maladies contractées dans cette effroyable déroute.

Enfin, le 23 au soir, nous arrivons à la Hutte; là, des quantités de wagons, pris d'assaut par les soldats, les emportent jusqu'au Mans.

Quant à l'artillerie, il nous la faut conduire jusqu'à Beaumont-sur-Sarthe où nous retrouvons la 3e section de notre batterie qui avait combattu à Senonches.

C'est avec des transports de joie inexprimable que nous nous serrons les mains et nous embrassons.

Enfin notre batterie est complète.

Il est quatre heures du soir.

A la gare de Beaumont-Vivoin, nous rencontrons la section de 3 pièces d'artillerie de Saint-Malo, capitaine Lhémery. Elle est venue de la Ferté-Bernard rejoindre l'armée par ordre télégraphique du général Jaurès.

Nous embarquons notre matériel et nos chevaux dans la nuit du 23 au 24, vers deux heures du matin, dans un des derniers trains, après une marche forcée de 4 jours et 4 nuits.

Ne trouvant pas de place dans ces wagons de marchandises, où les mobiles se sont empilés au milieu des chevaux et du matériel, je fais le voyage dans la guérite d'un serre-frein.

Nous n'arrivons au Mans que vers midi le 24.

Ce fut là notre première campagne.

Nous pouvons adresser des louanges à nos artilleurs qui ne faiblirent pas à leur baptême du feu ; à nos conducteurs qui eurent tant de mal avec leurs pauvres chevaux obligés de marcher sans foin ni avoine pendant vingt-deux heures et avec leurs harnais faits de cordes et de ficelle, qu'ils étaient forcés de raccommoder à chaque instant.

La paille des colliers n'existait plus, les chevaux l'avaient mangée ; il ne restait que les attelles en bois brut qui les blessaient au poitrail ; beaucoup d'entre eux furent réformés, incapables dorénavant de faire un service quelconque.

Nous restons au Mans même, place des Jacobins, où nous installons notre parc d'artillerie, en attendant de nouveaux ordres.

ADJUDANT DANION

TABLEAU D'ORDRE DE MARCHE

Première campagne.

Marches	Dates	Noms des pays parcourus	Départements
En avant	30 octobre 1870	Rennes au Mans *(chemin de fer)*	
	10 novembre	Le Mans à Nogent *(chem. de fer)*	
	10 au 15	Nogent-le-Rotrou *(sur routes)*	Eure-et-L.
	15	La Fourche »	Orne
	16	Montlandon »	Eure-et-L.
	17	Champrond-en-Gâtine	»
	18 au 20 à 5 h. m.	Les Châtelets	»
En arrière	20	Champrond	»
	20	Montlandon	»
	20 au 21 soir	La Fourche	Orne
En retraite	nuit du 21 au 22	Nogent-le-Rotrou	Eure-et-L.
	nuit 22	Berd'huis	Orne
	22 matin	Bellême	»
	23 matin	Mamers	Sarthe
		St-Longis	»
	23 soir	St-Rémy-du-Plain	»
		La Hutte	»
		St-Germain-de-la-Coudre	»
		Piacé	»
		Juillé	»
		Beaumont-sur-Sarthe	»
	nuit du 23 au 24	gre Beaumont-Vivoin *(ch. de fer)*	»
	24 midi	Le Mans	»

Parcours en chemin de fer	254 kilom.
Sur routes avec la batterie	134 »
Total	388 kilom.

Guerre Franco-Allemande

1870 - 1871

ANECDOTES ET ÉPISODES

Pendant

LA PREMIÈRE CAMPAGNE

Première Campagne.

Première Leçon d'Equitation.

Le Mans, le 2 novembre 1870.

De simple civil, je suis bombardé sous-officier d'artillerie. Le capitaine de ma batterie, M. Clocheret, me donne un cheval, mais sans harnachement.

Je vais chez un marchand de bric-à-brac du Mans, et j'achète une vieille selle de dragons, une mauvaise bride de lanciers, des éperons en cuivre jaune de chez Bollée le fondeur et fais seller mon cheval.

Je n'en avais jamais enfourché un de ma vie.

Je prie mon ami le lieutenant Marçais, qui lui, était un excellent cavalier, de me donner ma première leçon d'équitation, lui recommandant de bien tenir le cheval par la bride et surtout d'aller au pas.

Je monte difficilement et gauchement.

Enfin ça y est !

Ma bête fait quelques pas, je suis dessus comme pourrait être une paire de pincettes sur un morceau de bois rond. Mes étriers me quittent, je cherche à y remettre les pieds.

Dieu que c'est difficile !

Le cheval continuait doucement, lorsque brusquement mon professeur, lâchant la bride, cingle de sa cravache la croupe de mon coursier qui part au trot.

Pendant quelques minutes, mon corps se balance de droite et de gauche ; je vais tomber lorsque l'instinct de la conservation me fait coucher sur le cou de mon cheval et l'empoigner à pleins bras.

On arrête l'animal et je me retrouve sur les pieds sans savoir comment.

Nous sommes dans la caserne de cavalerie du Mans où est un dépôt de dragons.

Je vois sous-officiers et soldats rire de moi à gorge déployée, sans égard pour mes magnifiques galons de maréchal des logis chef.

Je suis très vexé et jure en moi-même de me venger de cet affront ; je fais de vifs reproches à mon ami de m'avoir fait cette mauvaise farce.

Mon amour-propre était en jeu, aussi dès le lendemain, un peu anxieux, mais bien décidé, je remonte sur mon cheval.

Cette fois mon ami me donne de bons conseils que je mets en pratique.

Je me sens déjà plus solide, et faisant le tour de la cour de la caserne, je vais d'abord au pas, puis au trot.

J'avais bien chaud, j'étais éreinté, mais satisfait.

Au bout de huit jours de ce manège, je me

trouve plus à l'aise et plus ferme sur mes étriers.

L'aplomb me vint si bien que, pendant toute la campagne, mon cheval et moi ne faisions qu'un, et que ni les haies ni les fossés ne m'effrayaient.

Claies de parc à moutons

Les Châtelets, 18 novembre.

Nous sommes aux Châtelets, près Courville.

Nos deux pièces de canon sont placées derrière une barricade.

Nous attendons des ordres.

L'après-midi du 18 novembre arrive un officier d'ordonnance qui se dirige vers nos canons.

Fouillant la plaine de la Beauce, et faisant abat-jour de sa main, il arrête son regard sur un point et nous dit :

« *Regardez là-bas à droite, derrière ce petit bouquet de bois, ne dirait-on pas des fantassins allemands bien alignés?*

« *Veillez bien.* »

Ce groupe ne bougeant pas, l'officier d'ordonnance en conclut que ces soldats sont au repos et, remontant sur son cheval, pique des deux, sans nous donner aucun ordre et reprend la route de Nogent.

Nous ne l'avons jamais revu.

Vient à passer un paysan qui, sur notre indication, regarde l'endroit.

Finaudement il se mit à rire.

« *Ça des Prussiens*, dit-il, *ben sûr que non, c'est des claies de parc, qui étions debout avec leurs pieux, j'les mettions comme ça quand les moutons restint à la bergerie.* »

Tableau!!!

Alerte.

Barricade des Châtelets, le 18 novembre.

Dans la journée du 18 novembre et pour la première fois, nous voyons quelques uhlans.

La nuit est tombée, nous sommes sous nos tentes.

La terre est glacée; le moindre bruit, même de loin, se perçoit distinctement.

Ereintés de fatigue, nous dormons.

Nos 2 pièces de canon placées sur la route derrière un semblant de barricade, sont gardées par une sentinelle qui doit nous avertir à la moindre alerte.

Un de mes camarades, me frappant sur l'épaule, me réveille et bas à l'oreille me dit :

« *Entends-tu ce bruit ?* »

Nous écoutons; en effet, l'on dirait le galop de plusieurs chevaux.

Immédiatement je sors et vais avertir mon lieutenant; tous deux en silence et l'oreille au guet, nous nous dirigeons vers nos 2 canons.

Le bruit cesse.

Le lieutenant arrive près le soldat de garde, lui

demande s'il a entendu quelque chose d'anormal.

Sa réponse est négative.

Nous restons quelques instants, et, n'entendant plus rien, nous rentrons sous nos tentes.

Un quart d'heure après, le même bruit se renouvelle; le lieutenant vient me chercher; nous pensons tous deux que ce sont des cavaliers ennemis qui approchent.

Silencieusement nous marchons et plus nous avançons, plus le bruit est distinct; nous sommes prêts à donner l'alerte à nos hommes.

Pendant ce temps, nous approchions de la sentinelle, qui ne nous voyait, ni ne nous entendait.

Que voyons-nous? Non des cavaliers allemands, mais notre soldat, qui, transi de froid, bat la semelle pour se réchauffer.

Cet exercice sur la terre verglacée produisait le bruit de chevaux galopant.

Cette fausse alerte nous a fort égayés sur le moment.

Eclaireur civil volontaire.

Les Châtelets, nuit du 19 au 20 novembre.

L'armée active est faite prisonnière à Sedan, ses débris sont rentrés sous Paris.

La France n'a plus d'armées.

La mobilisation est en cours d'exécution, et des corps francs se sont organisés à la hâte.

Trois bataillons de mobiles de l'Orne et du Calvados et deux de nos pièces de l'artillerie d'Ille-et-Vilaine sont envoyés vers Chartres, que les Bavarois viennent d'occuper.

Nos 2 canons sont placés derrière une barricade sur la route, près le village des Châtelets.

Nos hommes se reposent sous leurs tentes; deux sentinelles gardent les pièces.

Vers quatre heures du matin, le 20, le lieutenant Marçais et moi voyons arriver un paysan à cheval, qui nous dit que l'ennemi vient d'entrer à Courville, à cinq kilomètres de nous, et qu'il est certain que d'ici peu, dans une heure peut-être, nous verrons les éclaireurs allemands et qu'il serait urgent que nous reculions. Le lieutenant demande à ce cavalier qui il est.

La nuit est claire, c'est un homme jeune, tant nous pouvons en juger sous sa casquette beauceronne à oreillettes.

Il est en blouse, un sac en bandoulière, deux filets pleins de foin attachés à la selle de son cheval, qui est plutôt une bête de trait qu'un cheval de selle.

Il répond qu'il n'est pas soldat, qu'il fait l'éclaireur volontairement et que nous ferions bien de suivre son conseil si nous ne voulons pas être pris.

Il nous quitte en disant :

« Je vais trouver vos chefs et les avertir du danger que vous courez. »

Cruelle alternative pour nous !

Que faire sans ordres?

Le lieutenant réunit les sous-officiers en petit conseil et décide d'en demander.

A ce moment même, le commandant de Montaigu nous envoie de Friaize l'ordre de nous replier immédiatement sur la position de La Fourche.

Il est cinq heures; nous partons une demi-heure après; nous passons à Champrond-en-Gâtine, qui, une heure et demie après notre passage, est occupé par les Allemands.

Le lendemain 21 novembre, nous prenons contact avec les Bavarois à La Fourche.

Un semblable et si désintéressé dévouement eût mérité récompense.

Qu'est-il devenu ce paysan hardi? cet éclaireur civil volontaire?

Fuite des habitants devant l'armée allemande.

Novembre 1870.

Les Allemands étaient précédés d'une réputation que justifiaient leurs actes d'être plutôt des barbares que des civilisés.

Dans leur marche victorieuse, ils commettaient des actions terrifiantes; ne se contentant pas du pillage et du vol, ils tuaient, incendiaient, qu'ils soient en état d'ivresse ou même de sang-froid.

Les femmes, les enfants et les vieillards, ces êtres inoffensifs, n'étaient pas même épargnés.

Leur fureur, leur soif de sang n'avaient pas de bornes, tant ils avaient de haine contre nous.

C'était épouvantable.

Aussi lorsqu'ils avançaient plus profondément dans notre pays, les habitants des villes envoyaient au loin leurs femmes et leurs enfants; ceux de la campagne fuyaient avec leurs familles et leurs troupeaux.

Combien, dans nos différentes marches, avons-nous vu de charrettes, de voitures de toutes formes, chargées de meubles, de literie, de linge, de tout enfin, sur lesquelles étaient juchés les enfants et les femmes, tandis que le mari ou les fils conduisaient les chevaux.

Triste exode de malheureux, cherchant à sauver le peu qu'ils possèdent, le maigre avoir qui leur permettra de vivre tous.

Certains emmenaient leurs nombreux troupeaux de moutons dont la Beauce est si riche; des bœufs, des vaches cheminaient et barraient la route.

Entre Nogent-le-Rotrou et les Châtelets, au moment de la prise de Chartres, je rencontrai plusieurs fermiers que je connaissais, entr'autres M. Maximilien Genêt, cultivateur à Rigny, près Villebon, ami intime de ma famille.

Où ces paysans allaient-ils?

Ils n'en savaient rien, ils marchaient devant eux; ils fuyaient les terribles Germains, qui venaient de prendre Chartres et piller Courville.

Mot d'Ordre.

La Fourche, matin du 20 novembre.

Dans notre marche en arrière, des Châtelets à La Fourche, j'étais d'avant-garde avec 4 hommes.

Arrivés à une centaine de mètres de cette position, une sentinelle avancée de moblots croise la baïonnette et me dit :

« *Le mot d'ordre.* »

C'est de la nouveauté pour nous, le mot d'ordre, je ne le connais pas ; il m'eût été du reste difficile de le donner, n'en ayant jamais eu depuis que nous sommes soldats.

Le mobile refuse de nous laisser passer.

Nous prenons le parti d'attendre notre lieutenant en nous reposant sur le bord du fossé.

Notre officier arrive avec sa petite colonne ; il est obligé de parlementer avec celui du poste, qui, après explications, finit par nous laisser avancer.

Marche en éclaireurs, le matin même du combat de La Fourche.

La Fourche, 21 novembre.

Nos deux pièces de canon sont placées de chaque côté de la route de Champrond-en-Gâtine qui dévale en pente assez rapide jusqu'à un brusque détour, où sur la gauche est une butte et un petit bois appelés La Papotière, qui nous en cachent la continuation.

Au bas de cette côte et à droite nous y remarquons une ferme appelée Houdangeau.

Quelle est la distance de nos pièces à cet endroit?

C'est d'autant plus intéressant à connaître que nos canons n'ont que ce seul champ de tir possible.

Sur ma demande et sur celle de mon bon ami Giffard, maréchal des logis fourrier, le lieutenant Marçais nous permet d'aller jusque-là, de compter les pas pour mesurer la distance.

Nous partons, notre mousqueton à piston sur l'épaule, et gaillardement nous marchons et mesurons 2,200 mètres.

Nous continuons notre marche sans autre raison que le plaisir d'aller plus loin.

A 200 mètres de là, un vieillard paralytique, assis à la porte de sa maison, nous appelle :

« *Arrêtez, mes enfants, c'est imprudent d'aller plus loin ; il y a à peine une heure que des uhlans étaient devant ma maison.*

Ils sont allés jusqu'à la ferme pour vous observer là-haut.

Retournez sur vos pas immédiatement. »

Après avoir remercié ce brave homme, nous faisons demi-tour.

Nous n'avions fait que quelques minutes de marche que nous entendons un galop de chevaux.

Nous nous jetons dans le fossé de la route et chargeons nos mousquetons à la hâte.

A peine étions-nous blottis là, que nous apercevons trois uhlans qui s'arrêtent au détour et se cachent derrière la ferme.

Le mousqueton nous brûlait les mains, mais que faire?

Nous ne pouvions atteindre ces cavaliers à la distance où ils étaient.

Nous espérions, du moins, les voir s'approcher pour descendre chacun le nôtre.

Nous n'avons pas cette chance, car après avoir, en se levant sur leurs étriers, relevé et examiné la position de nos pièces, ils tournent bride et disparaissent au galop.

Nous avons renseigné notre officier sur ce que nous avions fait et vu.

Le jour même, à 11 heures 1/2, nous prenions contact avec les Allemands.

Le renseignement de distance était précieux, car nous avons fait énormément de mal aux ennemis.

Nos obus touchaient juste, puisque nous avons démonté deux pièces, tué et blessé beaucoup d'Allemands.

Combat de la Fourche.

Coup d'écouvillon malencontreux [1].

21 novembre.

Nous sommes aux prises avec l'ennemi pour la première fois.

Chacune de nos deux pièces, se chargeant par la bouche, a tiré son premier coup de canon.

Quatre pièces allemandes nous répondent.

Vite, il faut écouvillonner l'âme de la pièce pour la nettoyer et la rafraîchir avant de recharger.

L'émotion compréhensible d'un début de ce genre, la précipitation à préparer un deuxième coup de canon, empêchent la prudence accoutumée du service habituel.

Le servant L... prend l'écouvillon, en mouille la brosse qu'il introduit dans l'âme du canon d'un mouvement de va-et-vient précipité.

Un sachet de poudre est introduit dans la pièce par l'autre canonnier.

Pour présenter le fouloir à la bouche du canon, notre servant fait faire le moulinet à son écouvillon, qui, par suite d'un faux mouvement, le frappe violemment à la tête et l'étourdit.

L'artilleur se croit blessé par un obus prussien

1. *Anecdote communiquée par le maréchal des logis fourrier E. Giffard.*

et, sous le coup de l'émotion, va se réfugier sous des broussailles, contre le talus de la route.

Le fourrier Giffard et moi courons vers lui.

Il avait une forte contusion au front.

Nous lui faisons avaler une bonne gorgée d'eau-de-vie ; il reprend alors ses sens et, riant lui-même de sa mésaventure, retourne à son poste de combat, plus aguerri.

Prévoyance d'un cœur compatissant.

Nogent-le-Rotrou, nuit du 21 novembre.

A peine arrivé du Mans à Nogent-le-Rotrou, je suis reconnu par un ami de mes parents.

C'est M. Julien, vétérinaire de cette ville, que je vais voir tous les matins pendant notre séjour.

A notre retour des Châtelets à La Fourche, je suis envoyé par mes camarades, le 21 matin, à Nogent, pour y faire quelques provisions, espérant bien les emporter, car elles nous sont absolument nécessaires.

Vers dix heures, la ville en rumeur apprend que les Prussiens approchent.

A cette nouvelle, laissant mes paquets chez M. Julien, j'enfourche mon cheval, pique des deux et pars au galop.

J'arrive peu d'instants avant le commencement du combat.

Nous prenons contact avec les Allemands à 11 heures 1/2.

Nous sommes en pleine action, l'ennemi nous envoie force projectiles.

Il est une heure environ, je suis auprès d'une de nos pièces, au milieu de la fumée de nos canons et de celle produite par l'éclatement des obus allemands.

Je me sens touché à l'épaule, je me retourne et, non sans surprise, je me trouve face à face avec M. Julien, chargé de paquets.

En quelques mots, il me dit qu'il me les apporte, ainsi qu'une lettre de mes parents, sachant bien qu'à cause du combat je n'aurais pu aller les chercher.

Hâtivement je le remercie et le supplie de ne pas rester là, car il peut se faire blesser ou tuer.

Il part.

Brave cœur, ne voyait-il donc pas le danger ; je crois plutôt qu'il ne le craignait pas.

Le soir, nous battons en retraite, nous restons stationnaires sur la place de Nogent, sous une pluie abominable.

Nous attendons des ordres.

Je suis à cheval, la nuit est noire ; je remarque un homme se faufilant entre les soldats.

Je le reconnais, c'est M. Julien, je vais à lui.

« *Ah ! enfin*, me dit-il, *je vous cherche depuis longtemps au milieu de cette cohue, j'avais peur que vous ne fussiez blessé.* »

Puis je le vois mettre des objets dans le bissac

attaché à ma selle. A l'expression de ma figure, il me dit :

« *Inutile de me remercier, je suis certain que vous serez content de trouver cela plus tard.* »

L'ordre de partir nous sépare, et c'est émus tous les deux que nous nous serrons les mains en nous disant adieu.

A Bellême, notre première halte, je déballe mon bissac, j'y trouve une terrine de foie gras, du saucisson, du fromage, une bouteille de vin et même du pain.

M. Julien avait raison, mes amis et moi avons été bien heureux de trouver ces provisions.

Nous avons bu à la santé de ce brave et bon cœur qui avait prévu la détresse dans laquelle nous allions tomber.

Retraite de La Fourche

Première rencontre avec le général Jaurès.

22 novembre matin.

Dans cette terrible déroute que fut la retraite de La Fourche, nous avions beaucoup de peine à faire circuler nos canons sur les routes, au milieu de ces pauvres mobiles éreintés.

Un de nos caissons reste en panne, les traits de cordes cassés, nous restons un instant à les raccommoder.

Pour rejoindre, il faut fouetter nos chevaux fourbus.

Les fantassins nous font assez facilement la place et nous sommes prêts à rattraper nos camarades lorsque nous en sommes empêchés par une voiture qui tient le milieu de la route.

C'est une victoria à la capote relevée et qui est conduite par un civil à casquette de livrée.

J'invite le cocher à nous livrer passage, il n'en fait rien.

Impatienté de perdre notre avance, je crie plus fort... rien... encore rien!

Alors, à la façon soldatesque, je jure des sacrebleu..., menaçant de flanquer la voiture et son contenu dans le fossé.

A ce moment, je vois se pencher vers moi une

tête galonnée d'or, et sur son ordre le cocher prend sa droite et nous livre passage.

C'est le général Jaurès qui vient prendre le commandement de cette armée en déroute.

Le Poulet rôti du Fourrier[1].

Bellême, le 22 novembre soir.

La 2me section de notre batterie est en position depuis midi, à Bellême, sur la route de Nogent-le-Rotrou, à la sortie de la ville.

La nuit est tombée.

Le capitaine, ne recevant aucun ordre et ne voyant plus de troupes autour de lui, se décide à tourner bride.

Nous traversons Bellême et sommes surpris de ne plus trouver que des traînards et des éclop-pés; il n'y a plus de troupes dans la ville.

Nous sommes seuls.

Sept heures sonnent à l'église.

Cinq minutes après notre départ, je retourne sur mes pas, me souvenant qu'un poulet rôti m'attend dans une maison où j'avais eu la chance qu'on me le promette (en payant, bien entendu).

J'y vais, je le trouve, je l'emporte.

Je cherche à retrouver la route suivie par la

1. *Anecdote communiquée par le maréchal des logis fourrier G. Delalande.*

batterie, je me perds, je vais en hâte à la mairie demander information.

Je trouve la mairie très éclairée, portes grand'-ouvertes, les autorités en toilette.

On me répond rapidement, mais en me demandant ce que je fais là, car les Prussiens entrent dans la ville.

Je file, toujours à cheval naturellement, et je rattrape difficilement la colonne sur la route de Mamers, avec mon poulet rôti tout chaud sous le bras.

Je le partage avec des camarades, d'un cheval à l'autre, en marchant, en tirant simplement à quatre mains, autrement dit en l'écartelant.

J'ai su le lendemain par les zouaves pontificaux, qui étaient restés d'arrière-garde, que les Allemands étaient entrés après leur départ de Bellême, entre sept et huit heures du soir.

Il s'en est fallu de bien peu que mon poulet rôti et moi ne rencontrions les Prussiens à la Mairie.

La Défense nationale

1870-1871

Deuxième Armée de la Loire

DEUXIÈME CAMPAGNE

Combats de Poisly

PRÈS JOSNES

Deuxième Campagne

Du 26 novembre 1870 au 9 janvier 1871.

—

EN AVANT

La 2me batterie d'artillerie mobile d'Ille-et-Vilaine fait maintenant partie du 21e corps, nouvellement formé, dont le commandement est confié au général Jaurès.

Proclamation de Gambetta à l'Armée de la Loire.

Novembre 1870.

Soldats de l'Armée de la Loire,

. . . .

. . . .

A la dernière et cruelle injure de la mauvaise fortune, vous avez montré que la France, loin d'être abattue par tant de revers inouïs jusqu'à présent dans l'histoire, entendait répondre par une générale et vigoureuse offensive[1].

1. *Allusion à la victoire de Coulmiers du 9 novembre et à la reprise d'Orléans le 10 par le général d'Aurelle de Paladines avec les 15e et 16e corps d'armée.*

Avant-garde du pays tout entier, vous êtes aujourd'hui sur le chemin de Paris.

N'oublions jamais que Paris nous attend et qu'il y a de notre honneur de l'arracher aux étreintes des barbares qui le menacent du pillage et de l'incendie.

Redoublez donc de constance et d'ardeur. Vous connaissez maintenant vos ennemis ; jusqu'ici leur supériorité n'a tenu qu'au nombre de leurs canons. Comme soldats, ils ne vous égalent ni en courage ni en dévouement.

Retrouvez cet élan, cette furie française qui ont fait notre gloire dans le monde et qui doivent aujourd'hui nous aider à sauver la Patrie.

Avec des soldats tels que vous, la République sortira triomphante des épreuves qu'elle traverse ; car après avoir organisé la défense, elle est en mesure à présent d'assurer la revanche nationale.

Vive la France !

Vive la République une et indivisible !

Signé : *L. GAMBETTA.*

Allocution du général Jaurès aux soldats du 21e corps dont il vient de prendre le commandement.

ARMÉE DE LA LOIRE *Le Mans, le 26 novembre 1870.*

Etat - Major Général

N° 4

Soldats,

Vous avez lu les nobles et patriotiques paroles que le ministre de la guerre vous a adressées.

Vous aurez à cœur de justifier sa confiance et de répondre à ce que le Pays attend de vous.

Dès aujourd'hui le 21e corps est constitué et prêt à se jeter au-devant de l'ennemi avec la ferme volonté de le combattre à outrance, pour l'arrêter et le repousser.

Je compte sur votre vigueur et sur votre discipline et à bientôt votre premier succès.

Vive la France ! Vive la République !

Au quartier général du Mans, 26 novembre 1870,

Signé : *JAURÈS*[1].

Par ampliation,
Le Colonel d'État-Major général,

Signé : *MAGNAN.*

1. *Par décret du 14 octobre, le capitaine de vaisseau Jaurès fut désigné par Gambetta pour commander un corps d'armée en formation. Il ne put prendre possession de ses troupes que le 22 novembre, à Bellême, au moment et pendant la retraite de La Fourche sur Le Mans.*

Après les si grandes fatigues que nous avions éprouvées dans notre affreuse retraite de La Fourche, nous espérions prendre un peu de repos au Mans; mais non, les événements se précipitent et nous recevons l'ordre de partir trois jours après notre arrivée.

Nos harnais sont à peine réparés, car pour leur réfection complète, il aurait fallu une semaine.

Une forge qui nous manquait est ajoutée à notre matériel; quelques effets d'équipement sont donnés à nos hommes.

Le 27 novembre, vers midi, nous partons du Mans, nous passons par Pontlieue et arrivons à Parigné-l'Evêque au milieu de la nuit.

Le 28, nous sommes au Grand-Lucé, près d'où nous campons dans un champ, avec les marins, les zouaves pontificaux et les mobiles. C'est là que je rencontre deux camarades de Paris, Bataille et Doublier, mobiles comme moi.

Le temps est clair et froid, le terrain est sec, nous dormons bien sous la tente.

La difficulté de se procurer des vivres se fait déjà sentir; il nous est complètement interdit d'aller à la ville, je force pourtant la consigne et rapporte quelques provisions qui sont d'autant mieux accueillies que l'intendance, n'étant pas complètement organisée, ne peut fournir la viande fraîche nécessaire à l'alimentation de l'armée, comme en fait foi l'extrait suivant d'un ordre du général :

ORDRE

21e Corps. *28 novembre.*

. . . .

En attendant que la fourniture de viande fraîche soit organisée, les troupes qui auront la possibilité de s'en procurer directement pourront s'abstenir de percevoir le lard et toucheront en échange une indemnité représentative de 0 fr. 35 par ration de viande de 350 grammes, payable avec la solde.

Signé : *JAURÈS,*

Général commandant le 21e corps.

Dans la journée du 30, la neige se met à tomber à gros flocons, le froid est rigoureux, nous mangeons sous les tentes.

La nuit arrive, nous nous couchons.

A notre réveil, les arbres et les toiles de tentes sont couverts de gîvre.

Le 1er décembre nous repartons, passons à Evaillé et arrivons à Saint-Calais, où nous campons sur la crête d'une colline assez élevée.

Saint-Calais, le 1er décembre.

Mes chers Parents,

Nous sommes à Saint-Calais, où les Prussiens ont déjà passé; ils y ont laissé de tristes souvenirs; mais nous sachant en force, ils ont fui, les lâches, sans avoir pu accomplir à fond leur ignoble pillage.

Ils étaient encore ici il y a à peine huit jours.
Votre fils qui vous aime.

Signé : *G. M.*

La 3e batterie d'artillerie d'Ille-et-Vilaine vient de nous rejoindre.

Le froid devient âpre.

Partis de Saint-Calais dans la direction de Vendôme, nous faisons séjour les 2 et 3 décembre en avant d'Epuisay (Loir-et-Cher).

Pendant ces deux jours, notre cavalerie est complétée par des chevaux réquisitionnés que des paysans nous amènent.

Dès leur arrivée, nos hommes font le café et installent les tentes, la terre est tellement durcie par le verglas qu'il leur est impossible d'enfoncer les piquets, de sorte qu'il couchent ainsi, le vent glacial passant sous les toiles de leurs tentes mal closes.

Pour que nos soldats ne couchent pas sur la terre glacée, le capitaine réquisitionne une petite meule de paille, proche de notre camp.

Les sous-officiers et le poste sont plus heureux, ayant trouvé une maisonnette abandonnée, où, devant un grand feu, nous mangeons une oie achetée en cours de route.

Le 11 décembre, nous traversons le Loir sur un pont miné et entrons le soir dans Vendôme.

Notre parc d'artillerie est placé dans la cour de la caserne de cavalerie, qui est immense; nous couchons dans les chambres sur la paille que nous avions réquisitionnée la veille, nous nous en couvrons entièrement pour empêcher le froid excessif de nous atteindre.

Dans cette ville, nous y remarquons l'église de la Trinité, entourée des restes d'une abbaye et un superbe clocher.

La deuxième armée de la Loire, qui vient d'être formée et composée des 16e, 17e et 21e corps, est commandée par le général Chanzy [1].

Nous faisons partie du 21e corps (général Jaurès) et sommes versés dans la réserve d'artillerie, sous les ordres du colonel Sûter.

Dès le matin du 5, départ très précipité; notre marche nous conduit à Oucques et à Marchenoir.

Ces marches continuelles et ces départs subits avaient quelque peu détérioré notre matériel, plusieurs timons étaient cassés; nous en avions commandé à un charron dès notre arrivée à Vendôme.

La batterie partant plus tôt que nous ne le pensions, le lieutenant Marçais, le fourrier Delalande et moi attendons qu'ils soient livrés; le 5 au soir ils sont prêts, une voiture est réquisitionnée, et nous rejoignons la batterie à Marchenoir le 6, de très bon matin.

Ce bourg a déjà reçu la visite des Allemands,

1. Nota. — La première armée de la Loire est formée avec les 15e, 18e et 20e corps, sous le commandement en chef du général Bourbaki.

qui en ont été chassés quelque temps auparavant après un combat sanglant; tout est dévasté, beaucoup d'habitants ont fui.

Les hommes couchent où ils peuvent, les sous-officiers ont trouvé une grange à claire voie, où quelques bottes de paille pour matelas et des fagots de bois pour oreillers nous servent de couchage.

Dehors, la neige tombe abondamment et le froid est toujours vif.

Le 7 au matin, nous entendons la canonnade au loin; vers quatre heures après midi, nous avons ordre de nous tenir prêts.

La batterie de Saint-Malo est partie vers midi.

Le lendemain 8, la canonnade devenant plus intense, nous partons de très bon matin.

Nous nous dirigeons vers Saint-Laurent-des-Bois en traversant la forêt de Marchenoir.

Pendant le trajet, les officiers et les sous-officiers instruisent leurs hommes sur ce que chacun, d'après son poste, aura à faire pendant le combat qui s'apprête.

Tous les caissons sont débarrassés des sacs que les artilleurs prennent sur le dos.

Nous sommes prêts.

Le sol est tellement couvert de neige que l'on ne voit plus trace de chemins.

Nous étions dans une anxiété extrême, nous savions que nous allions combattre, et l'action devait être terrible, car les canons que nous entendions près de nous faisaient rage!

Quel contraste entre ce bruit effrayant et le silence profond de la forêt. La neige étouffait le bruit des pas de nos chevaux et du roulement de notre lourd matériel; nous étions nous-mêmes muets d'angoisse et avions hâte de quitter cette forêt au silence déprimant.

C'est avec un serrement de cœur que, sur la lisière du bois, nous détournons les yeux à la vue de nombreux cadavres de pauvres mobiles gisant là pêle-mêle, et déjà en partie ensevelis dans un blanc linceul de neige.

Lugubre spectacle qui emplit de sinistres pensées ceux qui vont combattre.

Enfin nous en sortons et débouchons à Saint-Laurent-des-Bois, sur les plaines immenses de la Beauce.

Nous sommes émotionnés du spectacle grandiose et terrifiant qui se déroule sous nos yeux.

De quelque côté que se portent nos regards, ce n'est que flammes subites et fumée intense qui sortent de la bouche des canons qui tonnent lugubrement.

Ordre est donné d'aller nous mesurer avec les Allemands.

Nous allons prendre position près la ferme des Bouëches, en avant du village de Poisly.

CAPITAINE CLOCHERET ✻ ✠

Combats de Poisly, près Josnes

8, 9 et 10 décembre 1870.

Mes bons Parents,

. . . .

. . . .

A peine sortis de la forêt de Marchenoir et avant d'occuper la position qui nous a été désignée, nous essuyons le feu d'une batterie prussienne; nous lui faisons face et répondons si bien que notre tir meurtrier la force de se replier.

Ses conducteurs fouettent vigoureusement leurs chevaux pour fuir plus vite et après une course effrénée, la batterie allemande se replace assez loin de nous.

Pendant ce temps, nous prenons vivement position aux épaulements établis près la ferme des Bouëches et ouvrons le feu sur nos ennemis.

Il est midi.

Il est temps que nous arrivions pour la batterie de Saint-Malo (3e d'Ille-et-Vilaine), qui est très éprouvée; en moins d'une heure, le capitaine Lhémery a eu deux hommes tués [1] et dix-sept blessés, ainsi que beaucoup de chevaux. Elle est obligée de cesser le feu, c'est alors que nous voyons son capitaine se replier avec les débris de sa batterie.

L'un de ses canons n'a plus que trois chevaux pour le

1. *L'un de ces deux tués est notre ami Portalier.*

traîner et deux hommes pour l'accompagner; les autres ont été tués ou blessés.

La nuit empêche la continuation de notre combat, nous n'avons aucun blessé dans notre batterie.

Le lendemain 9 décembre, avant le lever du jour, nous prenons position dans un champ labouré, plus en avant de la ferme et à sa droite, derrière des épaulements sommairement établis pendant la nuit par le génie.

Nous ne tardons pas à voir les allemands se mettre en position sur la route de Beaugency à Châteaudun, avec neuf batteries d'artillerie.

Nous ouvrons le feu sur elles et jusqu'à la nuit nous soutenons le combat pendant lequel nous n'avons que trois hommes blessés légèrement, qui reprennent leur poste après un pansement sommaire.

Presque tous les obus ennemis s'enfonçaient et éclataient dans la terre détrempée du champ. C'est certainement à cette circonstance que nous devons de n'avoir pas eu plus de blessés.

Vers le milieu de l'après-midi, le général Jaurès envoie un de ses aides de camp féliciter particulièrement notre batterie; il confère à notre brave capitaine Clocheret la croix de la Légion d'Honneur et décerne deux médailles militaires aux deux sous-officiers les plus méritants.

Les maréchaux des logis Chevalier et Rosetzky sont désignés; le choix est excellent et ratifié par tous.

Cette journée fut chaude et passionnante.

A la nuit nous nous retirons du lieu du combat pour mettre nos pièces à l'abri dans Poisly même.

L'ennemi envoie des obus éclairants pour voir si nous sommes encore sur notre même emplacement.

Le jour suivant, 10 décembre, nous retournons à notre position de la veille.

Le combat commence dès l'aube.

Le feu des deux parts ne discontinue pas depuis le matin jusqu'à la nuit. Je ne crois pas qu'il soit possible de recevoir une grêle de projectiles plus forte que dans cette terrible journée.

Vers deux heures, les 36 pièces ennemies n'ayant en artillerie que notre batterie à combattre, convergent tous leurs feux sur nos 6 pièces ; leur tir devient d'une précision inquiétante.

Leur feu est tellement violent et nourri que le nôtre en est éteint, nous ne pouvons plus approvisionner nos pièces.

En moins d'une demi-heure, nous avons 9 hommes blessés, 7 chevaux tués, 5 mis hors de service et un caisson détérioré par un obus qui m'a fait une contusion légère dont vous n'avez nullement à vous inquiéter.

Voici les noms de nos blessés dans cette journée :

Conducteurs {
Gracia, *une jambe coupée.*
Trochu, *une jambe brisée.*
Denot, *blessé à la jambe.*
Primaut, *blessé légèrement au côté.*
Judéaux, *blessé aux reins.*
Treillard, *blessé à l'abdomen.*

Servant Gracin, *blessé légèrement à la tête.*
Artificier Rossignol, *contusionné au pied.*
Maréchal des logis chef Martineau, *contusionné à la jambe.*

Le colonel Sûter, arrivant à ce moment, donne l'ordre de mettre les caissons à l'abri dans les bois.

Les canons restent à leur emplacement, les servants

se couchent derrière les épaulements, les conducteurs des avant-trains se cachent entre leurs chevaux effrayés qu'ils ont de la peine à maintenir au milieu de la pluie des obus.

Le capitaine Clocheret avait demandé d'urgence du renfort.

Quelque temps après arrivent au galop deux batteries légères de 4 rayées qui se placent à droite et à gauche en avant de la nôtre.

Le feu recommence de plus belle et ne cesse qu'à la nuit complète.

De part et d'autre, chacun canonne de ses positions sans bouger de place, nous sommes de 1800 à 2000 mètres des Prussiens.

Nos 6 pièces de 12, se chargeant par la bouche, ont lancé pendant cette seule journée 505 obus, tous nos caissons ont été vidés.

Le combat d'artillerie s'étendait sur une longueur de plus de 10 kilomètres.

C'était superbe mais terrifiant.

L'infanterie de soutien placée trop près de notre artillerie a des tués et des blessés sans avoir eu l'occasion d'agir.

Le général Jaurès, dans la soirée, nous avait dit que si nous pouvions soutenir le feu jusqu'au soir, le succès était assuré.

Le lendemain 11 décembre, nous reprenons encore notre même place, nous attendons inutilement l'ennemi qui ne paraît pas.

Ne voyant pas revenir les Allemands, nous pensions les avoir battus, aussi en étions-nous tout joyeux !

Désillusion ! car à dix heures du matin nous recevons l'ordre de nous replier.

Pendant ces trois journées de combat, nos hommes ont montré beaucoup d'endurance, de bravoure et de sang-froid.

A l'aile gauche de l'armée et au centre où nous étions, il y avait eu succès, mais notre aile droite se laissait enfoncer.

C'est pourquoi nous avons reçu l'ordre de battre en retraite.

. . . .

. . . .

Voilà, chers parents, le récit exact de ces journées.

Votre fils qui vous aime,

G. M.

MARÉCHAL DES LOGIS L. ROSETZKY ♁

En retraite.

Le 11 décembre, à dix heures du matin, nous quittons notre position et rétrogradons de 2 kilomètres vers Lorges : nous restons là.

A la tombée de la nuit, nous voyons d'immenses lueurs éclairer l'horizon, c'est la 2me division du 21me corps qui, pour dissimuler son mouvement, allume des feux dans tous ses bivouacs pour se replier en arrière de Lorges.

A huit heures du soir, nous reprenons notre marche et continuons sur Briou.

C'est donc que nous battons en retraite encore une fois; le froid est cinglant, le sommeil nous emporte, nous sommes découragés, nous ressemblons à un pauvre troupeau de moutons baissant la tête sous l'orage, tous nous sommes mornes et abattus.

Les Allemands ne sont pas à plus de 2 kilomètres sur nos côtés, nous avons ordre de faire silence et défense d'allumer même une cigarette.

Par une fausse indication, en pleine nuit, nous prenons un chemin qui, paraît-il, nous conduit en plein camp ennemi, vers Josnès.

Avertis à temps par un meunier, devant le

moulin duquel nous passions, nous revenons sur nos pas prendre la bonne route.

Dix minutes plus tard, nous aurions été tous faits prisonniers.

Ces bandits de Prussiens auraient été bien heureux de prendre ainsi six belles pièces de canon qui, trois jours durant, leur avaient fait tant de mal.

Nous avons 10 degrés au-dessous de zéro, une petite pluie est tombée, c'est maintenant le verglas ; nos conducteurs ont de la peine à empêcher leurs chevaux de tomber, car ils glissent à chaque pas.

Quelques kilomètres plus loin, nous nous arrêtons et restons là pendant trois heures en pleine nuit sans bouger.

Harassé de fatigue, je me couche, ainsi que d'autres, sur un tas de pierres cassées, au bord du chemin.

Enveloppés de notre couverture, nous nous endormons.

Quand il fallut repartir, nous nous relevons littéralement glacés.

Le 12 au matin, nous arrivons à Marchenoir, que nous voyons pour la deuxième fois ; nous y faisons le café, seule nourriture que nous ayons prise depuis la veille.

Nous continuons notre décevante retraite.

Le froid est toujours intense.

Il tombe maintenant une pluie torrentielle, c'est le dégel avec toutes ses conséquences, le terrain devient tellement glissant que nos chevaux ont une peine extrême à traîner notre lourd matériel dans ces routes défoncées et boueuses; les hommes eux-mêmes ont de la difficulté à marcher.

Nous repassons par Oucques, de là nous remontons vers le Nord, arrivons à Viévy-le-Rayé le 12 au soir.

Nous passons à Fréteval, traversons le Loir sur un pont en bois.

Peu après nous entendons de violentes détonations, ce sont les ponts que le génie fait sauter pour entraver la poursuite de l'ennemi.

Enfin, le 13, à une heure du matin, nous cessons cette marche insensée à Busloup, où nous restons jusqu'au 16.

Le lendemain de notre arrivée à Busloup, les Allemands attaquent Fréteval où seul se trouve un bataillon de marins sous les ordres du commandant Collet. Ils ont en face d'eux toute une division bavaroise appuyée par une nombreuse artillerie.

Après un combat acharné à la baïonnette, les marins se replient sur la gare qu'ils conservent, non sans avoir fait de nombreuses victimes.

Sur l'ordre du général, le commandant et ses vaillants soldats s'élancent à nouveau à l'assaut de Fréteval, où ils sont écrasés par le nombre.

Je les ai vus à leur retour, ils étaient fous de rage.

Dans ce combat, ils avaient perdu beaucoup des leurs, ainsi que plusieurs officiers, dont le commandant Collet, mort héroïquement à leur tête.

Nous partons de Busloup dans la nuit du 16, retraversons Epuisay et, nous dirigeant toujours au Nord, nous atteignons Le Temple au milieu d'un embarras considérable de troupes qui piétinent dans la neige amoncelée sur les routes.

Nous faisons une halte à Mondoubleau et, poursuivant notre retraite, nous nous arrêtons à un kilomètre en deçà de Baillou, en pleine nuit noire.

Pour ne pas encombrer le chemin communal que nous suivons, nous parquons notre artillerie dans un champ boueux plein de neige, où les roues de nos canons et de nos caissons s'enfoncent presque jusqu'au moyeu.

Le général Jaurès et sa suite ont accaparé la seule habitation se trouvant à côté de notre parc.

Nos sous-officiers vont jusqu'au village de Baillou coucher chez le curé.

Le lendemain, continuant notre marche par Berfay et Vibraye dont nous longeons la forêt, nous arrivons à Semur le 17 au soir, nous couchons dans la porterie du château.

Puis, cette désespérante retraite nous fait passer successivement par Dollon et Thorigné.

Le 18, nous passons la nuit à Connerré; le 19 au matin, nous traversons l'Huisme à Pont-de-Gennes, puis Montfort-le-Rotrou où nous restons le 19 et la matinée du 20.

Près de cette dernière ville, je rencontre un ami de ma famille, M. Ed. Vaumort, artiste peintre de Rennes, qui est blessé et à qui je suis heureux d'offrir de monter sur un de nos caissons pour aller jusqu'à Yvré-l'Evêque que nous traversons pour aller camper à Sargé le 20 au soir.

Nous restons là quelques jours avant d'aller à Notre-Dame de Sainte-Croix, église en construction près Le Mans.

Depuis Poisly, nous avons fait onze jours et cinq nuits de marche pour arriver à Sargé et cela dans quelles tristes conditions morales et physiques.

Le général Chanzy, stratège consommé et à qui la retraite de la 2me armée de la Loire fait honneur, avait, dans des instructions précises, ordonné à l'intendance de donner aux troupes deux jours de vivres pour les hommes et trois jours de fourrage pour les chevaux. On peut affirmer qu'en général ces prescriptions furent exécutées.

Mais il est survenu à notre batterie en particulier, qui effectuait des marches des plus difficiles dues au mauvais état des routes encombrées de neige et aussi aux retards occasionnés par des engagements de sa division avec l'ennemi, qu'elle n'arrivait qu'après les distributions prescrites par l'ordre du jour.

Le capitaine Clocheret, dans ces circonstances, exerçait avec tout le succès désirable, mais non exempt de difficultés, son droit de réquisition,

Et ce n'est que rarement que nos hommes et nos chevaux manquèrent du strict nécessaire.

Si nos chevaux étaient maigres et efflanqués, on peut l'attribuer à l'excès de fatigue et à l'inclémence de la température.

L'irrégularité de leurs repas était cause qu'en attendant leur provende, ils dépouillaient de leur écorce tous les arbres auprès desquels ils se trouvaient.

Nous avions cessé de les attacher aux roues des canons et caissons, car ils en mangeaient les rais et les jantes.

Depuis que, pendant notre première campagne, ils s'étaient mutuellement mangé la paille de leurs colliers, nous les en empêchions en attachant les extrémités d'un bâton aux bridons des chevaux attelés côte à côte.

Pendant cette pénible retraite, nous perdîmes plusieurs chevaux, morts d'épuisement et de maladies.

Aussitôt arrivés à Sainte-Croix, nous commençons un travail très dangereux, celui de changer les fusées fusantes de nos obus par des fusées percutantes.

Les Allemands ont de ces fusées percutantes qui éclatent au choc.

En deux ou trois coups, ils voient, d'après la fumée de l'obus éclaté, où est le but à atteindre.

Leur tir en devient très juste.

Nos obus à fusées fusantes éclatent presque toujours en l'air, leur fumée ne peut donc pas nous indiquer si notre pointage est bon.

C'est pénible à constater et à dire, mais les Allemands nous donnent toujours des leçons, soit par la façon de combattre, soit par l'emploi d'engins perfectionnés que nous n'avons pas.

Triste constatation de l'inertie de l'Empire, qui n'a rien fait depuis longtemps pour mettre l'armée en état de combattre nos ennemis.

Notre artillerie inférieure, se chargeant par la bouche, est la même que celle de 1859 en Italie.

Notre cavalerie n'est pas entraînée au service de reconnaissance.

Notre infanterie, seule, a un bon fusil, le Chassepot, mais en quantité insuffisante.

L'instruction militaire est nulle.

Nos soldats restent inactifs dans leurs casernes ou paradent dans les revues, habillés de costumes magnifiques.

L'Allemagne, au contraire, qui depuis longtemps se prépare à la guerre contre nous, a des soldats disciplinés, ayant une solide instruction militaire.

Elle possède une artillerie nouvelle, à tir rapide, se chargeant par la culasse et d'une mobilité extrême.

Son infanterie possède un fusil qui vaut le nôtre.

Sa cavalerie légère est très hardie dans son service d'éclaireurs.

Son intendance et ses ambulances sont merveilleusement organisées.

Sa tactique de combat est celle de Napoléon Ier que la France a oubliée.

En somme, l'armée allemande était prête à la guerre, tandis que l'armée française n'était exercée qu'à la parade.

L'Empire, s'endormant sur ses lauriers de Crimée et d'Italie, se croit invincible, et pourtant la malheureuse guerre du Mexique aurait bien dû lui ouvrir les yeux.

Mais non, à la cour impériale, ce ne sont que fêtes somptueuses où, sous ce régime corrupteur, l'on ne voit que des chambellans, des écuyers, des aides-de-camp, courtisans auxquels l'Empereur donne de préférence le commandement supérieur de notre armée, tandis qu'en Allemagne ce sont des généraux éminents qui la commandent.

L'effroyable résultat de ce favoritisme furent les capitulations de Sedan et de Metz, où Napoléon III, l'homme du 2 Décembre, et Bazaine, le traître, livrèrent aux Allemands 225,000 de nos meilleurs soldats avec leurs armes et leurs drapeaux.

La France a pourtant des généraux d'une valeur incontestable, mais, ceux-ci plutôt soldats que politiciens ou flatteurs, sont placés en sous-ordre.

Si, à l'armée du Rhin, nos malheureux et héroïques soldats avaient tous eu à leur tête des généraux tels que les Ducrot, les Chanzy et les Faidherbe, ils auraient connu la victoire, au lieu de subir la défaite.

La confiance dans les chefs, leur valeur militaire, la bonne direction, l'exemple donné et la ténacité de leurs efforts ont montré ce que ces généraux pouvaient obtenir de ces soldats.

En effet, nos mobiles, mal équipés, sans aucune notion militaire, mal organisés, n'ont-ils pas infligé des pertes considérables à l'ennemi, et obtenu des succès partiels très sérieux, tant au siège de Paris que dans les armées de province!

Effroyable lutte, pleine de dures leçons!!

Le Mans, 8 janvier 1871.

Mes Chers Parents,

Notre séjour au Mans paraît se prolonger, nous sommes dans le statu-quo et pourtant le pays a bien besoin de nous.

Les dernières nouvelles que nous recevons ne sont pas favorables ; un nouveau combat a eu lieu à La Fourche, là où nous avons reçu le baptême du feu ; ce combat n'a pas été plus heureux que le nôtre ; les troupes se replient sur Le Mans.

C'est triste à constater, mais nous ne savons que battre en retraite. Nous désirons tous prendre une sérieuse offensive et refouler ces bandits jusque sous les murs de notre héroïque capitale, qui, à la fin pourrait se lasser.

Je me fais toujours des chimères, je le crains, en pensant que nous rentrerons en vainqueurs dans ce Paris que j'aime et qui souffre.

Quand donc ce beau jour viendra-t-il?

Votre fils qui vous aime,

G. M.

TABLEAU D'ORDRE DE MARCHE

Deuxième Campagne.

Dates	Noms des pays parcourus	Départements	Dates	Noms des pays parcourus	Départements
En avant			En retraite		
27 nov. 1870	Le Mans	Sarthe	*12, nuit*	Morée	Loir-et-C.
	Pontlieue	»		Fréteval	»
27, nuit	Parigné-L'Evêq.	»	*13, 14, 15 & 16*	Busloup	»
28 au 30	Le Grand-Lucé	»		Danzé	»
	Villaines	»	*16, nuit*	Epuisay	»
	Evaillé	»		Le Temple	»
1er déc.	St-Calais	»		Mondoubleau	»
	Marolles		*16, nuit*	Baillou	»
2 et 3	Epuisay	Loir-et-C.	*17, matin*	Valennes	Sarthe.
4, soir	Vendôme	»		Berfay	»
	Villetrun	»		Vibraye	»
5	Oucques	»	*17, nuit*	Semur	»
5 au 7	Marchenoir	»		Dollon	»
8	St-Laur.-d.-Bois	»	*18*	Thorigné	»
8, 9, 10 et 11	Poisly	»	*18, soir*	Connerré	»
En retraite			*19*	Pont de Gennes	»
11, matin	Poisly	»	*19 et 20 mat.*	Montf.-le-Rotr.	»
11, soir	Lorges	»		Fatines	»
11, nuit	Briou	»		Parence	»
	Le Plessis-L'Echelle	»	*20*	Yvré-l'Evêque	»
12, matin	St-Léonard	»	*20, soir*	Sargé	»
	Oucques	»	*26 déc. au*	Notre-Dame	»
			9 janv. 1871	de Ste-Croix, Le Mans	»
	La Pagerie	»			
12, nuit	Viévy-le-Rayé	»	*En avant*	*118 kilom.*	
	Ecoman	»	*En retraite*	*138 »*	
			Total :	*256 kilom.*	

Maréchal des Logis C. CHEVALIER ✠

Guerre Franco-Allemande

1870-1871

ANECDOTES ET ÉPISODES

pendant

LA DEUXIÈME CAMPAGNE

Deuxième Campagne.

Société culinaire des Sous-Officiers.

Le Grand-Lucé (Sarthe), le 29 novembre.

Nous avions déjà l'expérience de soldats en campagne.

Comme il était difficile à chacun séparément de trouver à manger, nous pensons que tous les sous-officiers en s'unissant, sauront parvenir à réunir des vivres pour eux tous.

D'où l'idée de former une Société culinaire.

Ayant acheté une grande malle, nous la garnissons d'une batterie de cuisine complète, nous la munissons de provisions de toutes sortes, telles que : lard, riz, café, sucre, sel, etc., etc.

Nous prenons dans la batterie les deux servants Cupif et Besnard et en faisons nos cuisiniers.

Et comme la gaîté française ne perd jamais ses droits, nous nommons trois membres pour élaborer des statuts.

L'un d'eux est nommé rapporteur du projet que l'on va discuter et voter.

Discours du Rapporteur.

« Chers Camarades,

« La formation d'une Société amicale et fraternelle « est reconnue utile.

« Elle aura pour but d'éloigner de nous toute dissi- « dence et toute discussion fâcheuses, car nous sommes « réunis pour vivre ensemble et avons besoin de toujours « être en bonne intelligence.

« Je propose pour sceller cette société qui vivra par la « solidarité, des statuts qui en seront la base et desquels « nous ne devrons jamais nous départir.

« En voici l'énoncé. »

PRÉAMBULE.

Il est formé entre tous les sous-officiers de la deuxième batterie mobile d'Ille-et-Vilaine, une société culinaire ayant pour but :

1° La bonne entente entre tous les sous-officiers de la batterie ;

2° La recherche des vivres nécessaires à leur alimentation ;

3° La surveillance de la préparation des repas ;

4° La séparation des frais en commun.

STATUTS

I. — La Société se composera de 12 membres, sous-officiers de la batterie, elle nommera un président, un trésorier-secrétaire et un syndic chargé de l'approvisionnement.

II. — Le président et ses deux assesseurs seront élus pour une période de quinze jours; ils seront rééligibles.

III. — Une somme de dix francs par sociétaire formera la première mise du fond social de la société.

IV. — La répartition des dépenses se fera tous les dimanches.

V. — Un rappel de fonds sera fait toutes les fois que le trésorier le demandera, après vérification de ses comptes.

VI. — Chaque semaine et à tour de rôle, un sous-officier sera désigné comme garde de cuisine pour assurer la bonne confection des repas.

VII. — Chaque fois qu'un sociétaire prendra ses repas au dehors, il devra avertir assez à temps, ou sinon il paiera sa quote-part comme s'il les avait pris à la société.

VIII. — Les articles des statuts seront perfectibles; dans le cas d'une demande de révision faite par la majorité, le président convoquera une réunion générale.

IX. — Le vote des articles et de l'ensemble du projet se fera par oui et par non.

X. — La devise de la Société sera : *Fraternité Toujours.* »

« Maintenant, chers Camarades, nous allons passer au vote de chaque article et ensuite de leur ensemble. »

Le rapporteur,

Camille CHEVALIER.

Les membres de la Société votent.

L'unanimité consacre notre Société, qui est constituée.

Le bureau provisoire est réélu à titre définitif.

Il se compose de :

M. LEGENDRE, président.
M. NICOUL, trésorier-secrétaire.
M. C. CHEVALIER, syndic.

Cette Société, que nous avions faite en nous amusant, dans un moment de désœuvrement et de douce gaieté, dura pendant tout le reste de la guerre; elle eut une heureuse influence morale sur notre bonne entente et nous procura un bien-être matériel inconnu de nous jusqu'alors.

Épidémie de Morve.

Entre Évaillé et Saint-Calais,
le 1er décembre 1870.

Nous quittons le Grand-Lucé et devons aller camper au-delà d'Evaillé.

En cours de route, un ordre nous est donné de poursuivre notre marche jusqu'à Saint-Calais.

Au campement primitivement désigné sévit une épidémie de morve dans la cavalerie du train des équipages placée dans un champ à droite de la route, près d'un ruisseau coulant au fond d'un petit ravin.

En passant là nous assistons à un spectacle navrant.

Au milieu d'officiers et de soldats, deux vétérinaires examinent des chevaux, dont déjà une cinquantaine gisent sanglants sur la prairie.

Les indemnes sont emmenés loin du camp, les autres, atteints de la terrible maladie, sont tués à coups de revolver derrière l'oreille, ou d'un coup mortel de pointe de sabre à la poitrine d'où le sang gicle avec abondance.

Ceux qui ne sont pas foudroyés sont vite épuisés; ils écartent fébrilement les jambes, flageollent un instant et s'abattent lourdement sur le sol.

L'un de ces chevaux, s'échappant des mains d'un soldat, court en trébuchant, butte au bord du talus, roule jusqu'au fond du fossé et tombe la tête et le poitrail dans le ruisseau qui se rougit du sang de la pauvre bête.

Cette hécatombe est d'autant plus nécessaire et urgente que la morve se communique vivement aux autres chevaux et qu'elle est contagieuse pour les hommes qui les soignent.

Un peu plus loin, nous voyons un immense brasier dans lequel à défaut d'autre moyen de désinfection, sont brûlés les brides et bridons des chevaux reconnus morveux, de crainte de contagion.

Moulin à Café [1].

Saint-Calais, le 1er décembre 1870.

Nous n'avions comme moyen de réduire les grains de café en poudre que celui tout rudimentaire de les mettre dans une gamelle et de les écraser avec la crosse de notre mousqueton.

Système très incommode qui ne donnait qu'un café bien imparfait.

Arrivé à Saint-Calais, un de nos sous-officiers est chargé de se procurer un moulin à café.

Les ferblantiers de la ville n'en ont plus.

Chez le dernier quincailler, où, de guerre lasse va notre camarade, s'en trouve un vieux qu'un mobile de passage lui a donné à réparer il y a déjà longtemps.

« *C'est bien celui-là que je cherche,* dit le malin sous-officier, *je suis chargé par mon camarade de lit de venir le chercher, donnez-le-moi. Combien vous dois-je ?* »

« *Dix sous,* » dit le quincailler en présentant l'objet.

Notre camarade prend le moulin à café et l'apporte à nos cuisiniers.

Depuis ce jour, nous avons toujours dégusté un café exquis.

1. *Anecdote communiquée par le maréchal des logis fourrier E. Giffard.*

ARTILLEUR DE LA GARDE MOBILE D'ILLE-ET-VILAINE

HABILLEMENT. — Blouse blanche d'ordonnance recouvrant les vêtements civils.
Pantalon civil fantaisie.
Képi d'ordonnance.

ARMES. — Mousqueton à piston.
Sabre coupe-choux.
Canons se chargeant par la bouche.

La Batterie hétéroclite des colliers de paille.

2 décembre 1870.

Le matériel de notre batterie avait été fort détérioré pendant la retraite de La Fourche; des réparations urgentes avaient été faites, lors de notre court séjour au Mans.

Les colliers dont la paille avait été mangée par les chevaux et les traits en trop mauvais état avaient été remplacés.

Nos chevaux avec leurs harnais de corde et de ficelle, leurs colliers de paille ou de peaux de mouton étaient bien minables, mais qu'aurait-on pu dire de nos hommes?

Quelques effets leur sont donnés, ils en ont grand besoin car leurs blouses d'ordonnance n'ont plus aucune forme, leurs pantalons de civils sont en piètre état, non seulement ils sont effrangés, mais déchirés, usés, loqueteux.

Celui qui verrait ces 150 soldats à l'appel se demanderait ce que cela peut bien être que cette extravagante réunion d'hommes.

C'est un assemblage de pantalons de toutes formes et de toutes couleurs; il y en a des rouges d'infanterie de ligne, des bleus de chasseurs à pied, quelques-uns de dragons, de cuirassiers et peu d'artilleurs.

Les soldats, qui n'ont pas encore eu la chance d'être gratifiés de pantalons de drap, en ont en treillis.

Quant aux autres vêtements, leur diversité est

non moins grande ; ce sont des vestes, des tuniques, des dolmans, des capotes et aussi des manteaux de cavalerie.

Le 2 décembre, pendant notre séjour près d'Epuisay, le général Jaurès prévient, par un ordre détaillé et strict, qu'il passera le lendemain à trois heures, une revue de toutes les troupes.

Le capitaine s'y prépare.

Cet ordre disait d'astiquer les harnais ; mais dans notre batterie c'est impossible puisque c'est la corde qui remplace le cuir.

Les conducteurs devaient être montés sur leurs selles ; mais là aussi il y a impossibilité, puisque nos chevaux n'en ont pas ; qu'à cela ne tienne, nos hommes monteront à cheval sur leur couverture.

Le paquetage devait être irréprochable ; mais nos hommes n'ont que leur sac qui leur en tient lieu ; ils se le mettront sur le dos, puisqu'il faut que les caissons soient débarrassés.

Nous sommes prêts à l'heure indiquée.

Le général arrive et passe une revue peu banale.

En effet, il voit cette batterie hétéroclite dont les chevaux ont des colliers de paille ou de peaux de mouton, et des harnais en corde.

Puis des conducteurs, sac au dos, montés à cheval sur une couverture.

Et tous les hommes, soit servants, soit conducteurs, habillés de costumes de tous les corps de troupes existants, soit d'infanterie, soit de cavalerie et même d'artillerie.

Ce voyant, le général Jaurès, passe la revue sans s'arrêter et se rend vers d'autres troupes mieux équipées et mieux habillées.

Dans l'armée de la Loire, dont nous faisons partie, nous voyageons au milieu de soldats de toutes les armes.

Les quolibets ne manquent pas à notre adresse : dans le 21e corps, nous ne sommes connus et appelés que : « *La batterie des colliers de paille.* »

Equipement d'un sous-officier de la Garde mobile.

Le gouvernement ne donna aux artilleurs mobiles que les armes, et une blouse blanche comme vêtement que quelques sous-officiers ne portèrent pas en campagne.

Notre camarade Giffard, maréchal des logis fourrier, fut un de ceux-ci; il se contenta de ses vêtements civils.

Il est inénarrable dans son accoutrement.

Pour faire son service, il monte un cheval à poils longs et roux qu'il appelle Ganoche.

Notre sous-officier a un képi galonné d'or, puis un immense pardessus de civil, en râtine usée, probablement de couleur marine autrefois.

Sur les manches sont cousus des galons de laine jaune, indiquant son grade.

En bandoulière, une grosse corde supportant un fort bâton noueux, pour se garer des chiens de ferme, lorsqu'il va réquisitionner les fourrages et les vivres.

Un pantalon de fantaisie sans sous-pieds, qui remonte jusqu'au dessus des chevilles lorsque le cavalier est sur son cheval.

Et voilà l'habillement d'un sous-officier de la Garde Mobile en 1870, qui, pendant cinq mois de campagne, n'a jamais, à moins d'impossibilité absolue, laissé manquer de vivres à ses hommes, ni de fourrages pour ses chevaux.

Il a fait aussi ses preuves au combat, où il a toujours montré de la bravoure et du sang-froid.

« La Terreur des Intendants. »

En cours de route, décembre 1870.

Pendant notre marche en avant vers Poisly, l'intendance ne nous faisait que des distributions très irrégulières de viande fraîche qui n'était pas toujours bien appétissante.

Les animaux étaient abattus en plein champ par des soldats inexpérimentés, il s'en suivait que la viande de l'animal mal saigné était rouge de sang coagulé, et les morceaux étaient plutôt hachés que découpés.

Notre maréchal des logis fourrier Giffard, chargé d'aller aux distributions, se montrait toujours très difficile sur la qualité des produits que lui livraient les Riz-Pain-Sel.

Bien des fois il avait eu avec eux des prises de bec dont il sortait toujours à son avantage; ayant charge d'âmes, il tenait à ce que ses hommes soient les mieux servis.

Dans une de ces distributions, le sous-officier d'administration veut lui donner de la viande répugnante.

Notre fourrier se regimbe, la refuse et désigne des morceaux étalés sur le champ qui lui plaisent mieux.

Le Riz-Pain-Sel ne veut pas les lui donner.

Alors entre le sous-officier d'administration et le sous-officier d'artillerie ce sont des propos qui tournent à l'aigre.

Un sous-intendant, ayant vu de loin l'altercation, survient, se renseigne et dit à Giffard qu'il ait à prendre ce qu'on veut lui donner et cela sans réflexion.

Notre fourrier, loin d'être intimidé, refuse catégoriquement, disant qu'il ne veut pas de la bidoche qu'on lui propose et qu'il ne s'en ira qu'avec de la bonne viande.

Fureur de l'Intendant qui, pas habitué aux résistances, demande au fourrier son nom.

Le Fourrier. — « *Giffard, maréchal des logis fourrier de la deuxième batterie d'Ille-et-Vilaine.* »

L'Intendant. — « *C'est bon, vous aurez bientôt de mes nouvelles!!* »

Pour se débarrasser de ce gêneur qui arrête toute la distribution, l'Intendant dit à son sous-officier de lui donner ce qu'il demande.

Notre fourrier satisfait, revient au camp, et explique au capitaine Clocheret ce qui s'est passé.

Le soir, un soldat d'administration apporte un pli au capitaine de la part de l'intendant qui demande qu'une punition de garde de camp soit infligée au fourrier Giffard.

Le capitaine, par une lettre, répond que loin de punir son maréchal logis fourrier, il l'a félicité d'avoir si bien rempli son devoir et que conséquemment, lui, capitaine, ne peut accéder au désir de M. l'Intendant.

L'incident n'a pas de suite, car dès le lendemain matin nous continuons notre marche sur Poisly.

Depuis ce jour, lorsque le capitaine voyait son fourrier, il avait un malin plaisir à l'appeler :

« *La Terreur des Intendants,* »

surnom qui est resté à Giffard, jusqu'à la fin de la Guerre.

La Vie au Camp.

Près d'Epuisay, 2 décembre.

Il y a près d'une semaine que nous sommes partis du Mans; notre marche en avant se continue.

Nous venons de quitter Saint-Calais; le froid est vif, il gèle.

Une avant-garde de quelques hommes et un sous-officier précède la colonne.

Le capitaine marche en tête de la batterie; derrière lui viennent les trois sections accompagnées de leurs officiers et sous-officiers.

Les servants et les conducteurs sont à pied, car il fait très froid et ils préfèrent marcher pour se réchauffer.

Nous arrivons à l'endroit désigné pour camper; c'est en avant d'Epuisay, dont nous voyons au loin l'église et les maisons.

Nous nous arrêtons; les canons, caissons et voitures sont rangés sur le bord de la route, alignés les uns derrière les autres.

Le capitaine commande le service; les officiers et sous-officiers, chacun dans son ressort, font exécuter les ordres.

Le sous-officier de garde place les sentinelles chargées de garder le parc d'artillerie.

Les conducteurs dételIent, placent les harnais et colliers sur les caissons, couvrent les chevaux de leur couverture, les conduisent dans le champ voisin, les mettent au piquet près d'une haie et leur font de suite un sérieux pansage.

La forge est amenée près des chevaux, les maréchaux se mettent immédiatement en devoir de les ferrer ou de remplacer les clous manquants.

Les bourreliers ont fort à faire à réparer les harnais si défectueux faits de cordes et de ficelle.

Les servants ont déposé leurs sacs dans l'endroit du champ désigné pour le bivouac et font les faisceaux.

Un brigadier et ses hommes sont de corvée d'eau; ils vont, près de là, à un ruisseau dont il faut briser la glace pour remplir les bidons.

Un autre groupe d'artilleurs se rend à une ferme voisine, où le capitaine a réquisitionné de la paille pour le couchage de ses soldats. C'est les épaules chargées qu'ils en reviennent.

Les fourriers, de leur côté, sont à leur poste. L'un fait la distribution des vivres, l'autre, celle du fourrage.

Les hommes libres s'occupent à faire les tentes; ils ont une peine infinie à enfoncer les piquets dans la terre glacée.

D'autres préparent la soupe; ils installent trois pierres qui serviront de trépied à la marmite, et font du feu qui commence à pétiller et à briller clair par ce temps froid.

Les distributions et corvées sont terminées.

C'est maintenant un mouvement général intéressant : tous ces hommes apportent leurs gamelles et sont joyeux à la pensée du quart de vin que le capitaine leur a alloué ce soir, et à la soupe qu'ils vont manger, mais qui ne se fait pas assez vite à leur gré.

La nuit est arrivée, claire et très étoilée.

En attendant que la soupe soit servie, les uns en hument le parfum, assis près du feu et se chauffant; d'autres battent la semelle vigoureusement; ceux-ci se réchauffent en se frappant violemment les bras contre le torse, puis d'autres luttent corps à corps à plat mains; ceux-là pilent le café dans les gamelles de fer-blanc étamé, avec la crosse de leur mousqueton, d'un mouvement rythmé et bruyant.

Les plaisanteries et les quolibets ne manquent pas, les interpellations joyeuses jaillissent de l'un à l'autre.

« *Jean,* dit l'un, *mettez vite le couvert et n'oubliez surtout pas le service d'argenterie.* »

« *Sommelier,* dit l'autre, *vous servirez le champagne frappé au dessert.* »

« *C'est insensé,* dit celui-ci, *comment se fait-il que le fumiste n'ait pas encore réparé le calorifère; il fait un froid de loup dans la salle à manger.* »

« *Le festin,* dit celui-là, *sera merveilleusement éclairé à giorno par les étoiles du firmament.* »

« *Chic... Chic... les gars,* dit un loustic, *au bal ce soir. Valse des gamelles.* »

Les feux de bivouac brillent de tous côtés.

La forge jette une note claire du côté de la cavalerie. Dans ce coin, l'on entend le martellement des maréchaux ferrant les chevaux. Une odeur de corne brûlée emplit l'air.

Les chevaux ont senti la provende que les conducteurs leur apportent; c'est alors des hennissements bruyants sur toute la ligne.

Les gardes d'écurie crient après leurs chevaux.

« *As-tu fini, Nina, avec tes gambades, attends un peu !* » dit l'un.

C'est une jument qui rue.

« *Tourne, Ganoche....., mais tourne donc !* » dit l'autre, et l'on entend une claque retentissante sur la croupe d'un cheval qui n'obéit pas assez vite.

Enfin la soupe est faite et les gamelles remplies.

C'est maintenant un silence relatif de gens qui ont faim et qui mangent ; l'on n'entend guère que le bruit de cuillers sur le fer blanc des gamelles.

Le quart de vin est bu, le repas est terminé.

Il est temps d'aller se reposer, car la journée a été fatigante.

La retraite sonne.

On voit alors les hommes se glisser sous les tentes où ils ne tardent pas à dormir confortablement couchés sur la bonne paille réquisitionnée.

Le silence au camp est complet, les chevaux fatigués sont eux-mêmes tranquilles.

Si, d'endroit en endroit, l'on ne voyait pas des feux qui s'éteignent et la silhouette des tentes, on ne pourrait pas se douter qu'il y a 150 hommes dans ce champ.

Le seul bruit que l'on perçoive est celui produit par le pas des sentinelles qui, marchant sur la route glacée, gardent le parc d'artillerie.

Puis de temps à autre, l'on voit le sous-officier qui relève la garde et l'officier qui vient faire sa ronde.

Ingénieux Plastron.

Près d'Epuisay, 2 décembre.

Le parc d'artillerie est aligné sur la route.

Le camp est dans un champ voisin.

Il fait un froid de loup.

Mon service est terminé, et comme je suis de garde de notre cuisine de sous-officiers cette semaine, je me dirige vers une maison abandonnée, près de la batterie, où est le poste et où nos cuisiniers se sont installés.

L'extérieur de cette maison n'a rien d'engageant, la cheminée crevassée menace de tomber, la toiture est en partie effondrée du côté d'un pignon tout en ruine. Les fenêtres n'ont pas un seul carreau qui ne soit brisé, les volets pendent lamentablement à la façade, sur leurs gonds rouillés.

La porte est complètement brisée.

L'intérieur est encore plus désolé; le plafond éventré laisse voir le ciel par les trous de la toiture où les tuiles manquent. D'énormes toiles d'araignées tapissent la chambre, les murs sont marbrés de moisissure.

A côté de cette pièce qui est immense, s'en trouve une plus petite pleine de gravats de toutes sortes.

Dans la chambre où sont nos cuisiniers est une grande cheminée de campagne où flambe un feu énorme qui fait plaisir à voir et à sentir.

La marmite bout et devant le foyer, une oie achetée en cours de route, est à rôtir.

Les courants d'air ne manquent pas, le vent souffle de partout.

Je fais boucher l'ouverture qui est au Nord; quant aux autres, inutile d'y songer, il y en a de trop grandes et il faut réserver notre paille pour coucher.

Mes amis arrivent et nous décidons de faire deux tentes à six dans cette pièce, sur le sol de terre battue; nous y serons toujours mieux qu'en plein champ, à moins toutefois que le toit ne nous tombe sur la tête.

Près de la cheminée, un de nos cuisiniers surveille le rôti.

Je remarque l'autre, qui, avec une aiguille et du fil, coud un large mouchoir de couleur, plié en deux.

Intrigué, je lui demande curieusement ce qu'il fait là.

« C'est un plastron, chef, et qui me tiendra bien chaud, » et, souriant, notre soldat nous donne cette explication :

Le mouchoir plié en deux est cousu tout autour; à l'un des côtés, il laisse une ouverture par laquelle il introduit la petite plume et le duvet de l'oie.

Il recoud cette ouverture, pique ce petit coussin en long et en travers comme un couvre-pied, puis il en fait un autre, en tout semblable.

Prenant alors deux bandes de toile, il en coud les extrémités aux deux coins de chaque sachet.

Ceci fait, il passe sa tête entre ces deux bretelles, de cette manière un des coussins se trouve sur le dos et l'autre sur la poitrine.

Voilà comme notre ingénieux artilleur s'est confectionné un plastron pratique et chaud.

L'idée est si bonne que, tous, nous nous promettons d'acheter autant d'oies qu'il en faudra pour avoir chacun le nôtre.

Combats de Poisly.

Sang-froid du capitaine Clocheret.

9 décembre.

Le 8 décembre notre batterie est aux prises avec l'ennemi.

Le lendemain 9, nous recommençons un combat disproportionné, nous avons en face de nous 36 pièces allemandes.

Pendant ce combat meurtrier, nous avons six hommes blessés et douze chevaux tués ou blessés.

Monté sur un petit monticule et bien en vue de ses hommes, notre capitaine le sabre à la main, commande alternativement le feu à ses pièces.

A un des moments les plus terribles de l'action, où une grêle de projectiles pleut sur nous, un obus prussien s'enfonce dans la terre détrempée du champ, sous les pieds mêmes du capitaine Clocheret.

La violence de l'explosion dans le sol, le fait sauter en l'air.

Il tournoie sur lui-même et lourdement retombe à terre.

Nous le croyons tué notre brave capitaine, mais non, nous le revoyons le sabre en main, se relever d'un bond et crier à pleins poumons :

« *Quatrième pièce... Feu!* »

Et le combat continue.

Ruse de guerre. Une prise d'assaut.

Nuit du 9 décembre.

Nous combattions depuis deux jours; le soir, nous quittions le lieu du combat pour mettre notre batterie à l'abri, et nous en profitions pour dormir n'importe où.

Dans la journée du 9, nous avons beaucoup de pertes en hommes et en chevaux.

La rentrée au village de Poisly, et les réparations à faire à notre matériel nous empêchent de chercher un gîte.

Toute l'infanterie a pris les places et nous allons être forcés de coucher à la Belle Etoile.

Chacun de nous cherche bien un local, mais personne n'en trouve.

Un de nos hommes remarque, dans la seule rue du village, qu'à l'appel d'un moblot qui crie « *Maine-et-Loire!* » une porte de grenier s'ouvre, qu'une échelle en descend; l'homme y monte, l'échelle se retire et la porte se referme.

A notre artilleur, doublé d'un malin, il vient une idée géniale.

Il nous avertit, et tous, officiers, sous-officiers et soldats (150 hommes environ), nous nous dissimulons derrière le mur de la maison.

La consigne est d'être silencieux.

Alors, notre canonnier, faisant porte-voix de ses deux mains, dit le mot de passe : « *Maine-et-Loire.* »

Immédiatement le grenier s'ouvre, l'échelle descend ; notre homme y monte et dans l'encadrement de la lucarne crie à pleins poumons :

« *Alerte, Maine-et-Loire, sac au dos et vivement, le capitaine vous attend sur la place de l'Eglise!* »

La ruse réussit.

Tous les Maine-et-Loire descendent précipitamment et à peine le dernier est-il à terre que nous prenons le grenier d'assaut, nous relevons l'échelle et fermons la porte.

Le tour est joué.

Une demi-heure après, nous entendons une rumeur dans la rue, puis des jurements furieux, ce sont les Maine-et-Loire qui, n'ayant pas trouvé leur capitaine au rendez-vous, reviennent, mais la place est prise.

Ils sont obligés de coucher à la Belle-Etoile à notre place.

Artificier et éclatement d'obus.

10 décembre.

Une quantité effrayante d'obus tombe sur nous depuis le matin.

Le feu convergeant des Allemands, plus vif, rend plus difficile l'approvisionnement des charges, des caissons aux canons.

Les artificiers font le va et vient.

Je suis chargé de la distribution des sachets

de poudre et des projectiles de la troisième pièce.

L'artificier, bon gros paysan, appelé Rossignol, arrive en courant et s'arrête à côté de mon caisson; je lui remets un sachet de poudre, et me baissant jusqu'au fond du coffre presque vide, j'entends un bruit formidable au-dessus de ma tête.

Brusquement, je me relève et remarque que le couvercle de mon coffre est complètement brisé, mis en miettes par un obus qui l'a traversé.

Si j'avais été debout, j'aurais été décapité; un éclat de l'obus vient de déchiqueter la basane de mon pantalon en me contusionnant légèrement.

J'avais un obus à la main, que l'artificier attendait.

Je cherche mon artilleur et ne le vois pas au milieu de la fumée de l'obus éclaté.

Je l'appelle.

Pas de réponse.

Je saute à terre et vois mon homme couché dans le sillon. Je le crois tué, je le tâte, le soulève et vois deux grands yeux ouverts ahuris.

« *Es-tu blessé?* » lui dis-je.

« *Je ne sais pas, chef!* » répond-il effrayé.

Il n'a pas de blessure, mais des éclats d'obus ont coupé le bout de son soulier et brisé le canon du mousqueton qu'il porte en bandoulière.

« *Allons, mon garçon, files vite à la pièce avec cette charge.* »

Plus mort que vif, l'artificier part et peu après revient.

« *Sales Prussiens,* dit Rossignol, *ils m'ont fait bien peur, mais c'est égal, ils n'ont pas encore eu ma peau cette fois-ci !!* »

Soldats affamés. Cheval dépecé.

10 décembre.

L'affaire était chaude depuis trois jours.

Nous avions faim.

Plusieurs de nos chevaux avaient été tués ; j'en choisis un jeune et me prépare à le faire dépecer.

Deux de mes hommes commençaient ce travail de boucher lorsqu'une cinquantaine de mobiles affamés demandent leur part de butin.

Trois de nos artilleurs, sabre au clair, les arrêtent un instant.

Après avoir pris le filet et une des cuisses du cheval, je dis à ces pauvres moblots.

« *Maintenant, à votre tour.* »

En un instant, le cheval est recouvert d'hommes qui, le couteau à la main, coupent, taillent dans sa chair.

Chacun en emporte un morceau sanguinolent, qu'il fourre dans sa poche, et bientôt l'on ne voit plus que la carcasse de l'animal.

Pauvres gens, et dire que le ventre creux, ils se battaient comme de vieux soldats !

Retraite de l'Armée de la Loire.

La Faim. Rencontre fortuite.

Lorges, le 11 décembre.

Nous battons en retraite, le cœur gros, ayant cru à la victoire.

Mornes et silencieux, par un temps abominable, nous suivons la route.

J'avais séparé entre tous les hommes de la batterie une partie de la cuisse d'un cheval tué; le reste pendait à l'arrière du chariot, dernière voiture de notre colonne.

Mon poste de garde de parc est d'être toujours en queue, mais de temps à autre, je fais un petit trot de cheval jusqu'à la tête de la colonne et reviens.

Je remarque que des fantassins qui battent en retraite avec nous, s'éloignent vivement du chariot de batterie lorsque je retourne à l'arrière.

Je mets mon cheval au galop et arrive sur un de ces moblots.

Il a dans la main un morceau de viande qu'il vient de couper sur le reste de la cuisse du cheval.

Ne pensant qu'à empêcher de voler la nourriture de nos hommes, je vais interpeller cet intrus, lorsque une double exclamation sort de nos bouches :

« *Jubert,* » « *Martineau.* »

C'est un de mes bons camarades de Paris que je rencontre.

Pensez si je lui ai laissé son morceau de viande, je lui en ai même donné un second qu'il a caché dans la poche de sa capote déchirée.

Nous nous sommes serrés la main et dit : « Adieu. »

Grave Incident.

Nuit du 11 décembre près Josnes.

La première nuit de retraite est survenue.

Le verglas fait glisser nos chevaux, nous marchons avec peine.

L'ennemi suit une route parallèle non loin de nous.

Ordre nous est donné de faire un silence complet et de ne pas faire de feu.

Nos chevaux vont au pas pour que leurs sabots et les roues fassent le moins de bruit possible; nous sommes continuellement sur le qui-vive.

A chaque instant un ordre du capitaine, donné d'oreille à oreille, fait mettre les canons en batterie, prêts à faire feu.

A la jonction de deux routes, nous nous arrêtons.

Quelle est la bonne à prendre?

Nous nous engageons dans celle qui semble être la continuation de la nôtre.

La nuit est claire, le ciel étoilé, le vent glacial.

Nous faisons à peine un kilomètre que nous passons devant un moulin à vent.

Le meunier, sortant la tête de sa lucarne, nous interpelle.

« *Vous êtes des Français, où allez-vous par là ?* »

Il descend précipitamment et court vers le capitaine.

« *Vous voyez,* lui dit-il, *ces lumières là-bas dans la direction de Josnes, où vous allez. Eh bien ! c'est un poste très important de Prussiens venus de ce soir, vous allez vous jeter dans la gueule du loup !* »

Le capitaine arrête la colonne.

Pendant ce colloque, les lumières et les feux de l'ennemi s'éteignent; il est certain que les sentinelles allemandes nous avaient vus et averti le poste.

Notre capitaine, homme de sang-froid et de décision prompte, donne ordre de retourner sur nos pas.

Pour cela, il fait évoluer la batterie dans un champ situé près de la tête de la colonne, car la route trop étroite ne permet pas de faire tourner sur place les canons et caissons avec leurs attelages de six chevaux.

De cette façon, le bruit inévitable qu'ils produiraient sur la route verglassée est évité.

Pendant cette manœuvre, tous les servants, les sous-officiers autres que les chefs de pièce, accompagnent les officiers à une centaine de mètres plus loin du côté du camp prussien.

Là, et faisant face à l'ennemi, nos mousquetons à piston chargés, les officiers le revolver au poing, nous attendons, en cas d'une attaque probable, que la batterie ait pris la bonne direction.

Nous étions tous bien décidés à vendre chèrement notre peau pour sauver nos canons que les Prussiens auraient été bien contents de prendre à si bon compte et qui, deux jours auparavant, leur avaient taillé de si belles croupières.

Couchés sur la route glacée.

Nuit du 11 décembre.

Il était tombé une pluie fine le matin, il gèle maintenant, la route est verglacée, le froid est intense; il y a 10 degrés au-dessous de zéro.

La fièvre du combat est tombée : c'est dorénavant le découragement; l'esprit et le corps s'en ressentent, la fatigue est extrême, l'abattement nous anéantit.

Nous sommes en pleine nuit.

A chaque instant nous craignons une surprise, à tout moment nous nous arrêtons et repartons.

Pendant un de ces arrêts qui dura trois heures en pleine route, je suis, ainsi que tous, vaincu par le sommeil et la fatigue.

Notre capitaine nous dit, à mon lieutenant et à moi :

« *Reposez-vous un peu, je veille.* »

Bien, mais où dormir?

Nous avisons un tas de pierres cassées sur la route, nous étendons nos couvertures, et chacun, s'en enveloppant, se couche, les jambes sur la chaussée, le corps et la tête sur la déclivité de ce tas de pierres.

Nous dormons immédiatement d'un sommeil lourd.

Au bout de deux heures, l'on nous réveille, car il faut repartir.

Il m'est absolument impossible de me relever, j'ai les membres gelés; mes camarades me portent sur le chariot et m'enveloppent de plusieurs couvertures.

Ce n'est que quelques heures plus tard que je sentis mes membres plus souples et que je pus marcher.

J'étais dégelé.

Difficulté de trouver de la nourriture.

Entre Viévy-le-Rayé et Fréteval, 12 décembre.

La viande de cheval que nous avions distribuée aux hommes à Poisly et en cours de route était mangée depuis longtemps.

Nous n'avions à nous mettre sous la dent que quelques biscuits durs comme les pierres du chemin.

Dans un arrêt sur la route, à la nuit tombante, mes amis et moi remarquons un peu plus loin une petite maison de paysans.

Tout est clos, nous frappons à la porte, personne ne répond, nous frappons plus fort, alors une voix chevrotante nous demande :

« *Qui est là?* »

« *Français,* disons-nous, *ouvrez et vendez-nous de quoi manger, car nous mourons de faim.* »

« *Je n'ai rien,* » dit la voix.

Après supplications, la porte s'entrebaille et, à la lueur d'une mauvaise chandelle, nous voyons un vieillard tout cassé, seul et tremblant.

Il nous avoue ne nous avoir ouvert que par peur que nous n'enfoncions sa porte.

« *Ne craignez rien, mon brave homme, nous ne vous voulons pas de mal.* »

Rassuré, le vieillard va dans une pièce à côté et nous apporte du lard tout jauni que nous lui payons largement en le remerciant.

Nous repartons, et plus loin, derrière un grand mur, nous faisons un peu de feu, malgré la défense.

C'est à moitié cuit, tant nous sommes affamés, que nous mangeons ce lard rance et salé qui nous altère beaucoup.

Nous n'avons pas à boire, mais pour étancher notre soif, à défaut de vin, n'avons-nous pas la glace du fossé!

Pipe et tabac.

Morée, le 13 décembre.

Je n'avais jamais pu fumer la pipe, cela me donnait des nausées et me rendait malade.

Il n'était pas commode, avec la neige et la pluie, de faire des cigarettes.

Je me vis obligé, si je voulais me délecter de l'herbe à Nicot, d'acheter une pipe de bruyère.

Est-ce parce que j'étais au grand air? Est-ce parce que j'avais maintenant un costume militaire, que je devais, comme les vieux grognards de la Grande Armée, savoir culotter une pipe?

Je ne sais, mais ce qui est certain, c'est qu'après avoir fumé quelques bouffardes, je me trouvai aguerri contre les maux de cœur.

Lors de la retraite de l'armée de la Loire, nous avons été pendant plus d'une semaine sans pouvoir trouver de tabac.

Quelle privation!!

Enfin, un jour, en passant dans le bourg de Morée, j'entre dans le débit, je demande pour 2 fr. de tabac; le buraliste ne veut m'en vendre que pour 2 sous ou 5 fr.

Pourquoi? Je n'ai jamais pu le savoir.

J'en prends alors un demi-kilo que je sépare avec mes camarades enchantés.

Ma poche me sert de blague et, de temps à autre, je sens la main d'un ami me chippant furtivement de quoi bourrer sa vieille pipe.

C'est à charge de revanche, du reste.

Tout pour les Prussiens, rien pour les Français.

Mondoubleau, le 16 décembre.

La première fois que les paysans voient des soldats, ils les reçoivent bien, mais dans nos marches, nous avons acquis la dure expérience de militaires n'ayant pas passé les premiers dans un pays, car alors il n'y a plus rien à obtenir des ruraux pas plus que des citadins du reste, même avec de l'argent à plein gousset.

Dans notre retraite, nous faisons halte à Mondoubleau.

Ce jour-là, je suis garde de notre cuisine de sous-officiers ; dans la journée, nous avions bien reçu de la viande pour notre pot au feu, mais pas de légumes pour mettre dedans.

Je dis à mes cuisiniers de s'en procurer, l'un d'eux m'avoue en avoir trouvé, mais que l'homme n'a pas voulu lui en vendre.

Etonné, j'emmène mes deux artilleurs chez ce sauvage, nous arrivons chez un cabaretier (l'homme en question).

Pour l'amadouer, je lui fais nous servir trois petits verres de tafia et lui demande à acheter des légumes que je vois dans son jardin.

Il me refuse en me disant :

« *Je ne vous en vendrai point, parce que si je n'ai rien à donner aux Prussiens qui vous suivent, ils brûleront ma maison.* »

Outré, je me lève et dis à un de mes hommes de tenir cette brute en respect, je me fais suivre de l'autre soldat dans le jardin, où nous arrachons des choux, carottes, navets, etc..., et revenons.

Mon cabaretier a les yeux pleins de colère.

« *Je ne veux pas,* lui dis-je, *emporter ces légumes sans vous les payer. Combien vous dois-je ?* »

« *Rien, canailles,* vocifère-t-il, *je vais aller me plaindre au Général, vous aurez bientôt de mes nouvelles !* »

Lui jetant cent sous (le double de ce que cela valait) nous sortons en nous garant de coups de poings possibles.

Et voilà comment, cette fois, nous avons pu faire une soupe potable.

Gracieuse hospitalité du curé de Baillou.

Baillou, nuit du 16 décembre.

Dans cette affreuse retraite que fit l'armée de la Loire, la pluie, le vent, la neige, le verglas faisaient rage.

Beaucoup de soldats restaient en route, traînant leur pauvre corps amaigri par le manque de nourriture et par la fatigue d'une marche sans fin, de jour et de nuit.

Le 16 décembre soir, nous partons de Mondoubleau et suivons un chemin rural très étroit.

Il fait nuit noire, nous recevons l'ordre d'arrêter, nous sommes en pleine campagne.

La batterie et les chevaux sont parqués dans

un champ; les chevaux entrent à mi-jambe dans un terrain boueux couvert de neige, les lourds canons et caissons enfoncent presque jusqu'au moyeu.

Mon poste ne nécessitant pas une présence continuelle, j'en profite pour chercher un local pour mes camarades.

Je vois quelques lumières un peu plus loin, je m'y rends, c'est une ferme.

Je demande une petite place à la grande cheminée, j'y suis autorisé; je vais chercher mes amis et nos cuisiniers.

La marmite est déjà au feu, nous nous chauffons; peu après nos officiers, dont notre commandant, viennent nous rejoindre.

Las tous, et presque sans causer, nous sommes au-devant de l'âtre lorsque, comme une bombe et l'air affairé, entre un officier d'état-major prendre la place pour le général Jaurès et sa suite.

Il permet à nos officiers de rester, mais quant à nous sous-officiers, il faut déguerpir et vivement; l'officier ajoute que nos hommes, qui couchent dans les greniers, délogeront s'il n'y a pas assez de place pour la suite du général.

Ses cuisiniers s'installent à la place des nôtres, à la grande cheminée. Nous partons, n'ayant rien à répliquer.

La marmite est vidée dans la cour.

Où aller maintenant?

J'invite mes camarades à m'attendre au parc et, accompagné de mon ami Giffard, à cheval tous deux, nous partons à la découverte d'un nouveau gîte, nous suivons la route par laquelle nous devions aller le lendemain.

Nous faisons à peine un kilomètre que nous apercevons un village; toutes les lumières sont éteintes, les habitants dorment.

A quelle porte frapper?

Par cette nuit obscure, nous voyons avec peine l'église entourée du cimetière, puis le presbytère.

Voilà notre affaire, nous faisons tomber le lourd marteau de la porte cochère.

Peu après, une voix de femme nous demande ce que nous voulons.

« *Nous cherchons un local pour nous reposer ; pouvez-vous, Madame, nous loger cette nuit?* »

La porte s'ouvre et nous voyons une vieille femme tout emmitouflée, une lanterne à la main; c'était la bonne du curé qui nous quitte pour avertir son maître.

Celui-ci arrive bientôt.

« *Entrez, Messieurs,* » nous dit-il.

Il nous conduit dans une annexe du presbytère, c'est un rez-de-chaussée, chambre pavée avec cheminée. Dans un coin, de la paille recouvre des pommes de terre et des oignons.

Nous partons chercher nos amis que nous ramenons avec les cuisiniers.

Le brave curé nous attendait.

« *Eh bien, mes amis, maintenant organisez-vous, voilà des légumes, prenez-en, la paille vous servira pour dormir.* »

Il part et peu après revient, tenant à chaque main des bouteilles pleines de bon vin.

« *Buvez-le à ma santé,* dit-il, *ce sera cela de moins pour les Prussiens, s'ils viennent.* »

Nous n'avons pu nous empêcher de constater la différence de langage et de sentiments entre le cabaretier de Mondoubleau et le curé de Baillou.

C'est un homme jeune encore, il reste quelque temps avec nous et paraît heureux de nous voir nous trémousser.

Nous remercions chaleureusement notre amphitryon; le repas fut bon et le sommeil réparateur.

Avant le lever du jour, tous mes camarades sont repartis, seul je reste avec les cuisiniers, attendant le passage de la colonne qui arrive bientôt.

Nos hommes mettent la malle de cuisine sur le chariot, je prends mon poste en faisant caracoler mon cheval.

Notre excellent curé est à sa fenêtre à nous voir passer, il reçoit le salut militaire de tous les sous-officiers.

Nos officiers n'ont su que plus tard pourquoi nous avions montré tant de déférence pour M. le curé de Baillou.

Engagé volontaire pour la durée de la guerre, blessé.

Montfort-le-Rotrou, 19 décembre.

En dehors des mobiles et mobilisés appelés sous les drapeaux, il y avait aussi des hommes courageux et patriotes, qui, malgré leur âge, s'étaient engagés volontairement pour la durée de la guerre.

Leur action est d'autant plus méritoire que, plus âgés, ils supportent moins bien les fatigues et les privations que nous, qui sommes jeunes.

Parmi ces engagés volontaires était un des amis de ma famille qui m'avait connu tout enfant; c'était M. Edouard Vaumort, de Rennes, artiste peintre distingué, fort connu par ses belles œuvres.

Lors d'une halte à Montfort-le-Rotrou, je vois sur la route, marchant péniblement avec un bâton, les vêtements souillés de boue, la figure étirée et souffrante, les yeux cernés, un homme à grande barbe grisonnante.

C'est M. Edouard, je vais à lui, quelle joie de nous rencontrer!

Il avait été blessé au pied, et faute de place dans les ambulances ou leurs voitures, il se dirigeait à pied sur Le Mans, dont nous étions encore assez éloignés.

Après combien de souffrances et de peine aurait-il pu y parvenir!

Je l'emmène au milieu de mes amis, dont il connaît les parents de presque tous.

Il déjeune avec nous et, après lui avoir soigné sa blessure, nous le faisons monter sur un de nos caissons et le conduisons jusqu'auprès du Mans et lui disons :

« Adieu. »

Bombance inattendue.

Sargé, le 22 décembre.

Pendant cette rude et pénible retraite de l'armée de la Loire, notre porte-monnaie était vide, car nos parents ne pouvaient nous faire parvenir d'argent, ne sachant où nous l'envoyer; les vivres frais manquaient et il était difficile de s'en procurer sans monnaie.

Tant bien que mal nous avions pu dans de rares circonstances donner quelqu'adoucissement à notre misère.

Aussi lors de notre arrivée à Sargé, où nous restons quelque temps, c'est un déluge de mandats-poste qui tombe sur la batterie; à ce moment mon poste de vaguemestre n'est pas une sinécure.

Dès le 22 décembre, en même temps qu'un beau billet de banque de 100 fr., envoyé par mes parents, je reçois un panier bien garni composé par la main de ma si bonne mère.

C'est une joie pour moi et mes camarades qui assistent réjouis à son déballage.

Successivement nous en retirons un beau poulet rôti garni d'une bonne farce, deux saucissons, deux pots de confiture et un kilo de chocolat.

Le soir, à la lueur des chandelles et près d'un bon feu, mes amis et moi, en buvant à la santé de mes chers parents, nous faisons une bombance bien inattendue.

Manquement aux Règlements militaires. Punition inopinée.

Sargé, fin décembre 1870.

C'est donc que nous pouvons prendre un peu de repos après cette décevante retraite de l'armée de la Loire.

Nous en avons grand besoin après onze jours et cinq nuits de marche incessante par des routes défoncées, et surtout par une température implacablement inclémente.

Nous sommes cantonnés à Sargé.

Tous les jours, je vais à cheval au Mans pour le service de la batterie.

L'un des amis que j'ai dans cette ville, Le Gay, vient à pied me voir au camp.

Justement, je me préparais à aller porter des paperasses réclamées par l'Intendance.

Ne pouvant pas rester avec mon ami, je lui propose de m'accompagner en lui faisant seller un cheval.

Il accepte avec plaisir.

Comme il n'est pas du tout cavalier, nous cheminons au pas.

Nous devisions gaiement, lorsque la selle mal

sanglée de son cheval, tourne et menace de le faire tomber; je l'aide à mettre pied à terre.

Je resserre la sangle de son pur-sang et nous remontons à cheval.

A ce moment, un officier supérieur nous croise et, m'interpellant, me demande mon nom.

Je le lui donne et nous repartons.

Aussitôt mon retour au camp, mon capitaine me fait appeler et me dit que, par ordre supérieur, une punition de vingt jours de garde de camp m'est infligée.

Interloqué, je demande pourquoi?

Le capitaine Clocheret me répond que j'ai gravement contrevenu aux règlements militaires qui, entr'autres, défendent expressément de prêter un cheval de guerre à un civil, et que j'ai été vu en compagnie d'un *pékin* monté sur un cheval de la batterie.

C'était exact, je méritais donc bien la punition; mais, pour me disculper, je dis à mon capitaine que ce manquement était involontaire, d'autant que je ne connaissais nullement ni n'avais jamais lu le code militaire.

« *Je le sais,* dit le capitaine, *aussi la punition ne sera pas maintenue, mais à l'avenir ne prêtez jamais un cheval à un civil.* »

Heureux de la décision, je me suis bien promis de ne pas recommencer.

Ad-mi-nis-tra-tion.

Le Mans, 5 janvier 1871.

Après la retraite de l'armée de la Loire, les troupes sont cantonnées aux environs du Mans dans un *statu quo* relatif depuis une quinzaine de jours.

De Sargé, notre batterie est envoyée à Notre-Dame de Sainte-Croix, église en construction près la ville.

Pour n'en pas perdre l'habitude, l'Intendance en profite pour paperasser.

Tous les jours nous recevons des imprimés à remplir et des états à établir.

Pendant cette dernière campagne, notre batterie avait perdu beaucoup de chevaux, tant tués que blessés ou fourbus incapables d'un service quelconque.

Ils avaient été remplacés par des chevaux de réquisition incorporés dans la batterie, au moyen de bons réguliers signés de notre capitaine.

Le 5 janvier, nous recevons de l'Intendance des imprimés à remplir en triple expédition, pour soi-disant régulariser ces réquisitions.

Par ordre du capitaine Clocheret, j'établis ces états et les lui fait signer.

A côté de la signature du capitaine devait être apposée celle d'un vétérinaire.

Mais comme nous n'en avions jamais vu un seul, mon capitaine, me donnant des instructions très précises, m'envoie porter ces feuilles à l'Intendant, avec sa signature seulement.

Au bureau, je présente mes papiers à un sous-officier d'administration qui, remarquant la non apposition de la signature du vétérinaire, m'introduit auprès de l'Intendant, à qui je remets mes feuilles.

L'Intendant. — « *Vos états ne sont pas réguliers, remportez-les et faites signer par votre vétérinaire.* »

Le Maréchal logis chef. — « *Mais, Monsieur l'Intendant, nous n'en avons jamais vu.* »

L'Intendant. — « ..... *Ah!!!..... Vous dites?...* »

Le Chef. — « *Mon capitaine, ayant prévu l'objection, m'a chargé de vous dire que si sa signature seule n'est pas reconnue valable, il la fera approuver par deux de ses hommes et que cela suffira.* »

L'Intendant. — « *Quoi... des réflexions... n'en faut pas... Allez, rompez.* »

Je repars et reviens au camp.

Le capitaine appelle deux conducteurs, leur fait signer l'état, et comme l'un d'eux ne sait pas écrire, il lui fait apposer une croix.

Le bas de la feuille est ainsi libellé :

Le capitaine comm^t la batterie, ~~Le vétérinaire~~

CLOCHERET.

Vu et approuvé :

Lai conducteurs soucigné (sic),

KERABEC. 

Je retourne au Mans et remets à nouveau les états à l'Intendant qui, y jetant les yeux, les froisse nerveusement, se lève et me dit :

« *Rompez....., et plus vite que ça.* »

Et comme, probablement, je ne me retirais pas assez vivement, me désignant du doigt à l'un de ses secrétaires :

« *Flanquez-moi ce moblot à la porte.* »

Un sous-officier me prend par la manche de ma tunique ; je lui fais lâcher prise en lui frappant sur les doigts et, le fixant bien dans les yeux, lui dit :

« *Je vous défends expressément de me toucher.* »

Je pars sans me presser, sous les regards ahuris des Riz-Pain-Sel, et accompagné des vociférations de l'Intendant.

L'*Ad-mi-nis-tra-tion* paperassière était roulée !

Les états, absolument réguliers, ne pouvaient être refusés.

La Défense nationale

1870-1871

Deuxième Armée de la Loire

21ME CORPS

TROISIÈME CAMPAGNE

Bataille du Mans.

COMBAT D'YVRÉ-L'ÉVÊQUE

11 janvier 1871.

Maréchal des Logis Chef

LEGENDRE

GUERRE FRANCO-ALLEMANDE

1870-1871

Troisième Campagne

Du 9 au 28 janvier 1871.

Combat d'Yvré-l'Evêque.

Depuis 19 jours, nous sommes à Sargé et à Notre-Dame de Sainte-Croix, près Le Mans.

Le 9 janvier 1871, nous partons précipitamment et nous arrêtons à un kilomètre en deçà d'Yvré-l'Evêque.

Nous couchons dans une jolie villa abandonnée, mais nous ne pouvons guère nous reposer, inquiets du combat qui se livre près de nous et qui dure jusqu'au soir, très tard.

Le lendemain 10, nous entendons toute la journée, jusqu'à onze heures du soir, la canonnade et la fusillade.

La 2me section (capitaine Clocheret) est placée de façon à battre la route de Nogent-le-Rotrou et les terrains contigus au plateau d'Auvours.

La 3me section (lieutenant Hardy) est envoyée

derrière le plateau et prend position commandant la route de Montfort-le-Rotrou.

La 1re section, commandée par le lieutenant en premier Marçais, reste sur la route nationale de Paris au Mans.

Elle est placée à 700 mètres en deçà d'Yvré-l'Evêque, à l'endroit précis où la route va en dévalant vers le pont de l'Huisne.

Nos deux canons sont placés en travers de la route, à un épaulement solidement construit derrière lequel le terrain en pente très rapide va rejoindre le chemin de fer qui côtoie la rivière l'Huisne.

Au-delà s'étendent des prairies et les pelouses du château des Arches, situé au fond de la vallée à 30 mètres au-dessous de nous, et qui, à vol d'oiseau, n'est pas à plus d'un kilomètre de nos pièces.

Ce château est flanqué à droite et à gauche et appuyé de bois touffus.

Notre position, dominant la vallée de l'Huisne, est magnifique.

Le jour suivant, 11, la fusillade crépitante est plus nourrie et le canon gronde ferme.

Nous sommes près le plateau d'Auvours, qui est attaqué vers deux heures.

C'est là que le général Gougeard s'est illustré par une défense héroïque.

Nous entendons distinctement les cris et les bruits de l'effroyable corps à corps qui s'y produit à certains moments jusqu'à la nuit.

Le combat y est acharné.

Les Allemands, qui nous avaient pris le plateau, en sont chassés.

Nous sommes avertis que l'ennemi, mettant à profit les bois situés dans la vallée, s'est avancé à la faveur de la nuit jusque dans le château des Arches en face de nous, où il dissimule son infanterie.

Depuis quelque temps déjà, nous entendions le sifflement strident de balles passant au-dessus de nous; mais d'où venaient-elles donc?

Jusqu'alors nous ne voyions rien, lorsque nous remarquons quelques fantassins allemands se cachant derrière les gros arbres du château.

Ils tiraient sur nous impunément. .

Tout à coup, vers deux heures et demie, nous voyons six pièces d'artillerie allemande déboucher des bois, se mettre en batterie avec une audace incroyable dans une position intenable, sur la pelouse du château.

Leurs pièces sont immédiatement braquées sur nous et font feu.

Nous leur ripostons sans plus tarder en leur envoyant quelques obus à balles, puis tirons sans cesse :

Nos canons, habilement pointés, démontent en peu de temps deux pièces ennemies, tuent et blessent beaucoup d'Allemands, ainsi que quantité de chevaux.

Nos artilleurs montrent un entrain et un sang-froid admirables.

Le feu de la batterie allemande est éteint en moins de vingt minutes. Les Prussiens quittent la place en désordre, en n'enmenant que leurs blessés et leurs pièces intactes.

Mais peu d'instants après, ils reviennent au galop avec deux attelages de dix chevaux chacun, accrochent leurs deux canons démontés, les traînent et disparaissent dans le bois.

Notre tir continuait, cherchant à atteindre les fuyards, lorsque nous voyons à l'une des fenêtres du château se déployer le drapeau de la Convention de Genève.

Nous pensons que là sont les blessés que nous avons faits. De ce fait, le château devenant neutre, nous cessons le feu.

Nous ne tardons pas à voir que, contrairement aux lois de la guerre, l'emploi de cet emblème n'est qu'une ruse de l'ennemi pour s'organiser.

En effet, peu après, de toutes les fenêtres du château partent des coups de fusil dont les balles passent au milieu de nous, heureusement sans nous atteindre.

Après un moment de stupeur et d'indignation, nous envoyons des obus dans ces fenêtres.

La fusillade s'arrête et nous voyons une lueur d'incendie, bientôt suivie d'une fumée intense.

Nos obus ont mis le feu au château.

La fumée cesse; les Prussiens, qui ont besoin de cet immeuble comme point d'appui, ont certainement éteint l'incendie.

Le reste de l'après-midi se passe sans autre incident pour nous.

En Retraite.

Le lendemain 12 janvier nous voyons défiler sur la route des troupes en désordre.

La retraite commence.

Nos deux autres sections viennent rejoindre la nôtre, elles aussi ont combattu la veille.

Un ordre très tardif, vers midi, nous est donné de partir au trot sur Le Mans, de le traverser et prendre la route d'Alençon.

De chaque côté de la route, sont alignées les voitures de vivres, réquisitionnées, conduites par des paysans.

Elles vont être la proie des Allemands.

La neige se met à tomber abondamment, la route fourmille de soldats de toutes sortes; nous avons de la peine à passer au milieu d'eux avec nos chevaux et nos canons.

Arrivés près de la place des Jacobins, nous entendons des coups de feu; des balles nous sifflent aux oreilles.

Le Mans est pris, l'ennemi l'occupe déjà en grande partie avec des troupes importantes.

Les Allemands cherchent à nous couper la retraite.

Ils sont à 25 ou 30 mètres, cachés derrière les arbres de la promenade et tirent sur nous comme sur des cibles.

Aller plus loin c'est nous faire prendre.

C'est alors que les officiers, activant l'allure

pour soustraire la batterie au feu de l'ennemi, s'engagent dans une rue à notre droite à pente très rapide; nos conducteurs fouettent leurs chevaux et c'est au galop que nous passons au milieu des Prussiens.

Sans cette chevauchée insensée et affolante, toute la batterie aurait couru le risque d'être anéantie et faite prisonnière, sans espoir d'être secourue, notre infanterie étant en pleine déroute.

Dans le bas de cette rue, les Allemands cachés au coin d'une rue transversale, nous envoient force coups de fusil à notre passage et tuent un de nos chevaux. Le conducteur Gérard reçoit une balle, tombe de son cheval et le canon lui passant sur le corps lui brise la cuisse.

Le maréchal des logis Rosetzky, après avoir porté ce malheureux dans un magasin voisin, prend vivement la place du cheval de timon tué et fait repartir sa pièce.

Nos canons sont sauvés, non sans peine [1].

A la même allure, nous passons par les villages de Saint-Blaise, Charbonnière, les Ricar-

1. Episode. — *Une batterie de 7 de l'armée active, très éprouvée dans le combat d'Yvré, nous précédait et, n'ayant pas vu les ennemis dans la promenade, continuait son chemin.*

Elle fut attaquée et enveloppée par les Allemands en force sur la place même des Jacobins. Elle allait être faite prisonnière lorsque les chasseurs à pied du commandant Lombard vinrent la dégager avec une vigueur peu commune.

Les Prussiens, surpris par la soudaineté de cette attaque, se réfugient dans les maisons, et c'est là que, un à un, ils sont tués ou blessés après un combat acharné.

Plusieurs des chasseurs payèrent de leur vie leur vaillante intervention.

La batterie, dégagée, put prendre la fuite et être sauvée.

daines et atteignons Sargé, que nous traversons.

Nous modérons la marche de nos chevaux, allons prendre la grande route et voyageant sans relâche, nous passons par Ballon pour ne nous arrêter qu'à Beaumont-sur-Sarthe dans le milieu de la nuit du 12 au 13.

Il fait un froid terrible.

Une alerte nous fait repartir le 13 à sept heures du matin, au milieu d'un embarras incroyable de troupes sur les routes.

L'ennemi nous poursuit et prend contact avec nos mobiles dans un combat près de Beaumont, que nous venons de quitter.

Nous continuons notre chemin et après avoir traversé Segrie, nous arrivons le soir à Sillé-le-Guillaume, où nous restons le 14 et le 15.

Là est le quartier général du général en chef Chanzy.

ORDRE DU GÉNÉRAL EN CHEF CHANZY

Le général en chef est heureux d'exprimer toute sa satisfaction au général Jaurès pour la façon dont il a conduit, pendant les journées des 11 et 12 janvier, la retraite rendue difficile par la dispersion de ses divisions, les distances à parcourir et les combats à livrer.

Il félicite également les troupes du 21e corps qui, dans cette opération, ont fait preuve d'ordre, de discipline, de ténacité et de vigueur, alors que se produisaient dans certaines parties de l'armée des défaillances qui ont amené la retraite du Mans, au moment où nous avions les meilleures chances pour battre l'ennemi.

Signé : *CHANZY.*

ORDRE DU GÉNÉRAL JAURÈS

Commandant le 21e corps.

Le général commandant en chef le 21e corps et les forces de Bretagne est heureux de porter à la connaissance des troupes placées sous son commandement les éloges si flatteurs que le général Chanzy a daigné leur adresser.

Cette récompense de nos efforts sera pour tous un premier encouragement à continuer à bien faire, et j'espère que le 21e corps, qui n'a jamais été entamé, continuera à montrer de l'ordre dans les marches, de la fermeté devant l'ennemi.

Quartier général de Sillé-le-Guillaume,
le 13 janvier 1871.

Signé : *JAURÈS.*

Notre artillerie est alignée sur une côte très rapide de la route.

La pluie battante a succédé à la neige.

Les boucheries, boulangeries, épiceries, cabarets de la ville sont gardés militairement; leurs produits sont réquisitionnés.

Il y a une telle quantité de soldats dans Sillé qu'il est impossible de trouver un coin pour manger et dormir, il va donc falloir coucher sur la terre, ou plutôt dans la boue sous les tentes.

Dans la journée du 15, une colonne prussienne apparaît près de Sillé, le général Rousseau l'attaque vigoureusement et la refoule jusqu'au-delà de Crissé, en lui infligeant des pertes considérables.

Nous partons au milieu de la nuit du 15; nous devions nous arrêter à Evron, mais un nouvel ordre nous fait le traverser seulement et continuer notre chemin jusqu'au milieu du bois d'Hermet, à deux lieues de la ville.

Le canon gronde et la fusillade crépite non loin de nous dans la direction de Sainte-Suzanne.

Le 16 au soir nous passons à Jublains et allons coucher à Mayenne. Le 17, nous sommes à Parigné, où nous devons cantonner.

La pluie fait rage.

Décidément nous ne pouvons rester en place.

De Parigné, nous revenons sur nos pas, retraversons Mayenne le 18 et poursuivons jusqu'au bois de Bel-Air; nous restons en pleine route et attendons là des ordres qui ne viennent pas.

Que se passe-t-il donc?

Enfin le 27 matin, nous recevons l'ordre de revenir à Mayenne, que nous traversons pour la troisième fois en peu de temps, nous atteignons Saint-Georges-Buttavent, à 6 kilomètres de là, où nous restons jusqu'au 12 février.

Nos chevaux vont être fiers, car nous recevons pour eux des harnais neufs en cuir jaune, venant, paraît-il, d'Amérique.

Les colliers de paille à attelles de bois brut et les harnais faits de corde et de ficelle ont vécu.

Ce bel harnachement arrive bien tard, car il ne nous servira désormais qu'à conduire notre batterie à Bourges pour aller la rendre ainsi que les chevaux et les canons.

C'est à Saint-Georges-Buttavent que nous recevons le 29 janvier la dépêche officielle annonçant l'armistice de vingt et un jours.

MARÉCHAL DES LOGIS NICOUL

TABLEAU D'ORDRE DE MARCHE

Troisième Campagne.

Dates	Noms des pays parcourus	Départements
En avant *9 janv. 1871*	Notre-Dame de Ste-Croix, Le Mans	Sarthe
9, 10, 11 & 12	Yvré-l'Evêque	»
En retraite *12, midi*	Yvré-l'Evêque	»
	Promenade des Jacobins, Le Mans	»
	VILLAGES: La Corne	»
	VILLAGES: St-Blaise	»
	VILLAGES: Charbonnière	»
	VILLAGES: Les Ricardaines	»
	Sargé	»
	Souligné	»
	Ballon	»
	Mareschè	»
Nuit du 12 au 13	Beaumont-sur-Sarthe	»
13, matin	Passé	»
	Segrie	»
Nuit du 13 au 14	St-Rémy-de-Sillé	»

Dates	Noms des pays parcourus	Départements
14 et 15	Sillé-le-Guillaume	Sarthe.
Nuit du 15	Rouessé-Vassé	»
	Assé-le-Béranger	Mayenne.
16	Evron	»
	Mésanger	»
	Bois d'Hermet	»
	Jublains	»
16, soir	Mayenne	»
17	Parigné	»
18	*retour à Mayenne*	»
19	Commer	»
	Montsurs	»
19 au 26	Bois de Bel-Air	»
27	*retour à Mayenne*	»
28 janvier au 12 février 1871	Saint-Georges-Buttavent	»

168 kilomètres parcourus.

Guerre Franco-Allemande

1870-1871

ANECDOTES ET ÉPISODES

pendant

LA TROISIÈME CAMPAGNE

Troisième Campagne

Un Patriote.

Yvré-l'Evêque, le 11 janvier 1871.

La bataille du Mans est engagée depuis deux jours. En ce moment, les Allemands s'efforcent de conquérir le plateau d'Auvours, défendu énergiquement par le général Gougeard.

Nos deux pièces d'artillerie sont près d'Yvré en travers de la route de Paris au Mans, en face le château des Arches.

Des hommes et des femmes, habitants du Mans, sont près de nous pour assister curieusement à l'action.

Une batterie prussienne, placée sur la pelouse du château, nous attaque. L'obus passe en sifflant au-dessus de nous.

Les curieux, pris d'une peur effrayante, jettent des cris d'orfraie et vont se cacher dans un fossé près d'un grand mur, et rasant le sol presque à plat ventre, disparaissent.

Nous avions en peu de temps démoli la batterie allemande et cessé le feu.

A ce moment, nous voyons sur la route arriver vers nous un prêtre qui court à toutes jambes.

De la main gauche, il relève sa soutane jusqu'aux genoux pour mieux courir, et de la main droite tient un fusil.

Comme une trombe, il passe devant nous, nous poussons un hourra formidable et crions :

« *Bravo ! Bravo !* »

Cet ardent patriote, tournant sa figure empourprée vers nous, lève son arme d'un bras vigoureux, et crie d'une voix forte et énergique :

« *Vive la France !* »

Le valeureux abbé court au plateau d'Auvours faire le coup de feu avec les zouaves pontificaux qui le défendent.

Retraite du Mans.

Festin de Balthazar.

Sillé-le-Guillaume, le 13 janvier 1871.

La retraite du Mans se continuait.

Dans la journée, nous cheminons par une pluie battante ; les bœufs, les moutons, abandonnés par l'Intendance, errent dans les champs.

Le maréchal des logis fourrier Giffard, toujours à la piste de vivres, prend plusieurs de ces moutons, les fait placer sur le chariot à fourrage, les pattes attachées.

A notre arrivée à Sillé-le-Guillaume, nous donnons un gigot à nos officiers, nous en prenons deux pour la popote des sous-officiers et distribuons les autres moutons à nos hommes enchantés.

A prix d'or, nous avions acheté une dinde.

Nous sommes à Sillé à la nuit tombante ; le parc d'artillerie est placé sur une route très en pente, et éternelle histoire dans une retraite, nous cherchons où loger et où manger.

Chacun va de son côté.

La ville est encombrée de toutes sortes de troupes, le général en chef Chanzy est ici avec sa suite.

Les magasins d'alimentation, gardés militairement, ont toutes leurs marchandises réquisitionnées.

Quant à nous, il ne nous manque que le pain, le vin ou le cidre. Impossible de s'en procurer.

Après bien des recherches, nous allions être forcés de faire notre cuisine en plein air et de coucher sous la tente dans la boue, lorsque mon camarade et moi remarquons dans une ruelle étroite une porte entrebâillée donnant sur un terrain formant l'arrière de maisons.

Ne voulant pas entrer sans avertir, nous tirons sur le cordon d'une sonnette qui tinte assez fortement.

Nous pénétrons et attendons.

Un boulanger, facile à reconnaître à son tricot de coton gris et sa cotte blanche, apparaît.

Nous lui demandons s'il voudrait nous permettre de loger sous un de ses hangars et d'y faire notre cuisine ; nous lui disons que nous sommes une douzaine de sous-officiers qui ne lui feront aucun bruit qui l'incommode.

« *Avec plaisir*, dit-il, *venez avec moi, je suis un vieux soldat et j'ai fait les campagnes de Crimée et d'Italie.* »

Nous le suivons, et montant par un escalier branlant, il nous introduit dans une chambre abandonnée, dans laquelle est une cheminée.

« *Ici, vous pouvez faire votre cuisine; en bas vous trouverez du bois, des planches et des caisses vides, arrangez-vous ; je vous quitte, car il faut que je surveille mon fournil.* »

Je reste là pour en empêcher l'occupation par d'autres soldats, tandis que mon ami rallie tout le monde.

Maintenant nos cuisiniers préparent la soupe, la marmite commence à bouillir, mais où et comment faire cuire la dinde et les gigots?

Nous faisons une table et des bancs avec des planches supportées par des caisses vides ; l'un de nous vide la dinde qui avait été plumée en cours de route ; un autre s'escrime à dépouiller les gigots qui avaient été coupés avec la peau du mouton ; un troisième revient avec des bouteilles de cidre en criant : « *Victoire !* »

Tout le monde est occupé, plusieurs mettent le couvert ; pensez s'il y avait de l'entrain et de la belle humeur parmi nous, en songeant à ce festin de Balthazar, d'autant que depuis huit jours le biscuit faisait notre seule nourriture.

« *Nom d'une pipe,* dit l'un, *que font donc les lingères, qui n'ont pas encore apporté le linge damassé ?* »

« *Saperlipopette,* dit l'autre, *Baccarat est en retard pour livrer le service de cristal.* »

« *Ah ! par exemple,* murmure celui-ci, *ces assiettes, dites de porcelaine, sont estampillées : « Faïencerie Vaumort, Rennes.* »

« *Camarades,* glapit un fourrier préposé au luminaire, *ne pourriez-vous trouver des candélabres plus en rapport avec la fête,* ce pendant qu'il introduit des bougies dans des goulots de bouteilles.

« *Bon sang, voilà des sièges mal rembourrés,*

vocifère celui-là en disposant les bancs faits de planches.

« *Par Allah! ce n'est pas un ébéniste, mais bien un scieur de long qui a fabriqué ces tables,* » clame un maréchal des logis.

Dans tout notre tra... la... la... nous n'apercevions pas notre vieux soldat de Crimée qui nous examinait.

« *Ah! mes enfants,* crie-t-il, *vous me rappelez mon jeune temps; vous êtes, dites-vous, embarrassés pour le rôti; donnez-moi votre dinde et vos gigots, je vais les mettre au four.* »

« *Merci,* disons-nous, *mais vendez-nous du pain, c'est la seule chose qui nous manque.* »

« *Vous me demandez l'impossible,* dit notre hôte, *je suis réquisitionné.* »

Puis après un moment de réflexion et se frappant le front du doigt.

« *Tant pis, ma foi, vous en aurez !* »

Et il s'en va.

Le maréchal des logis Chevalier seul manque, il est de garde, mais il doit venir partager notre repas.

Nous sommes affamés, le fumet du pot au feu excite encore notre appétit, nous trouvons qu'il est bien long à se faire.

Enfin, minute bénie! la soupe est servie et l'on n'entend plus que le bruit des cuillers de fer sur les assiettes.

La porte de la chambre s'ouvre et nous voyons apparaître notre brave homme de boulanger avec quelque chose d'enveloppé dans des serviettes;

c'est le pain chipé à la réquisition; puis deux marmitons apportant la dinde et les gigots tout fumants.

Un hourra formidable les accueille, nous les aurions embrassés de bon cœur ; le bon vieux soldat est tout ému de la réception en buvant un verre de cidre que nous lui offrons.

Le maréchal des logis de garde vient d'arriver et mange la soupe.

Deux des nôtres sont maintenant occupés à découper la dinde et faire des tranches de gigot.

Nous causions tout en attendant, lorsque le fourrier fait un « *Chu..ü...t!* » qui arrête toutes les langues.

Nous entendons distinctement un bruit de sabre et d'éperons dans l'escalier, nous poussons vivement le verrou de la porte, faisons silence et attendons inquiets.

Du pommeau d'un sabre l'on frappe d'abord doucement, puis plus fort.

« *Mais ouvrez donc,* » dit une voix connue.

C'est celle du commandant Morvan, qui comme capitaine nous avait formés ; nous le dénommions « *Le Père de la Batterie.* »

Le maréchal des logis de garde, craignant d'être vu, car il est en défaut, se cache sous la table.

Connaissant notre commandant mieux que tout autre, j'ouvre la porte et le salue militairement.

Avec un geste sévère, il dit :

« *Je viens du parc, le maréchal des logis de garde n'est pas à son poste, il est ici.* »

« *Non, mon Commandant,* lui dis-je, *mais entrez donc, vous êtes le bienvenu.* »

« *Oui, je vois que vous festoyez ici, quant à moi, je cherche inutilement vos officiers avec lesquels je dois dîner. En passant dans cette ruelle, j'ai entendu des voix connues et me voici.* »

Doucement j'entraîne notre cher commandant vers la table et le prie de prendre part à notre repas.

Il accepte franchement, et nous continuons gaiement le dîner.

« *Commandant,* dis-je, *Chevalier est là, vous ne lui en voudrez pas.* »

« *J'en étais sûr,* dit le Commandant, *eh bien ! qu'il se dépêche et retourne à son poste ; je serais si désolé que l'on s'aperçoive de son absence.* »

« *Mais au fait, où est-il donc caché ?* »

Le sous-officier de garde sort de dessous la table et se remet à manger.

Le repas gai et émaillé de bonnes réparties est terminé.

Le café est pris en compagnie de notre boulanger invité, qui en entrant, et par vieille habitude d'autrefois, s'était tout de suite mis dans la position du soldat sans armes, devant notre commandant, qu'il était, du reste, bien surpris de trouver au milieu de nous.

Les tables, bancs, caisses disparaissent ; maintenant la salle à manger est transformée en dortoir, où notre bon et brave commandant prend place avec plaisir.

Le lendemain, bien dispos et reposés, nous

allons serrer la main à notre amphithryon et le remercier. Nous recommençons notre décevante retraite par les routes boueuses.

Paysan mal avisé.

Jublains, le 16 janvier, près Mayenne.

Il nous était souvent difficile de trouver dans un seul endroit la quantité nécessaire à l'alimentation de notre cavalerie.

Aussi notre capitaine envoyait-il le chef et les deux fourriers, chacun de leur côté, en expédition dans les différentes fermes avoisinantes.

Accompagné de quatre hommes et d'une prolonge, je pars en réquisition.

Avisant une petite ferme, je demande au fermier s'il a du fourrage à nous céder.

Il me répond négativement et me dit que dans son écurie il a un cheval et dans son étable une vache qu'il va être forcé de vendre au prochain marché, n'ayant plus de quoi les nourrir.

Et de fait, dans notre perquisition, nous ne voyons pas de fourrage.

Nous allions partir lorsque passant par derrière les bâtiments, je vois une lucarne accédant à un grenier.

Supposant qu'il peut y avoir là quelque chose pour nos chevaux, je demande au paysan de nous donner une échelle.

Il me répond qu'il n'en a pas; cela me donne

l'éveil, car c'est bien extraordinaire que cet objet indispensable à une exploitation n'existe pas dans cette ferme.

Mes hommes, tout en fouillant dans les hangars, en trouvent une, bien cachée derrière des fagots de bois.

Indice certain de la mauvaise volonté de ce fermier.

En voyant son échelle, ce loufoque, pris de colère et voulant la reprendre, se jette à coups de poings sur le soldat qui la porte.

Hommes et échelle roulent à terre.

Un de nos artilleurs dégage son camarade et tient ce malotru en respect.

Nous plaçons l'échelle à la lucarne et pénétrant dans le grenier, nous le trouvons rempli de foin et de paille en vrac.

Ces fourrages sont jetés dans la cour, puis mis en bottes par les hommes et chargés sur la prolonge.

Je laisse pourtant à ce fermier ce qui lui est nécessaire pour la nourriture de ses deux bêtes et lui remets un bon de réquisition en bonne et due forme.

Nous partons, non sans être invectivés de grossière façon par ce paysan mal avisé.

Pendant notre retour au camp, je remarque que le soldat qui a reçu des horions, retire de dessous sa blouse quelque chose qu'il cache sous les bottes de foin.

Lui demandant ce qu'il fait là, l'artilleur me répond :

« Y a du bon, chef, ce satané paysan m'a donné de rudes coups de poings et nous a insultés; eh bien ! je me suis vengé à ma façon, en lui achetant une oie à la foire d'empoigne; cela va joliment bien améliorer l'ordinaire de mon escouade. »

Repas de Cénobites.

Bois d'Hermet, 16 janvier,
près d'Evron.

Nous sommes envoyés vers Sainte-Suzanne, près Laval, où a lieu un combat dont nous entendons la canonnade.

Nous nous arrêtons au-delà de Jublains, dans le bois d'Hermet, sur la route.

La nuit est noire, la neige tombe, nous attendons des ordres.

Que faire dans cette inaction?

Nous balayons la neige qui encombre la route, et faisons un grand cercle au milieu duquel, avec un peu de paille et des branchages mouillés, nous cherchons à faire du feu.

Comme des soufflets de forge, les joues gonflées de vent, nous soufflons à pleins poumons, mais le feu ne prend pas : c'est une fumée aveuglante qui se dégage et qui nous prend à la gorge, au nez, aux yeux.

Nous sommes tous à l'ouvrage; enfin, nos efforts sont couronnés de succès, le bois mouillé a séché, le feu flambe.

Nous faisons cercle autour de ce foyer; assis sur nos sacs, les coudes sur les genoux, la tête entre les mains, nous nous brûlons les jambes et la figure et avons le dos gelé.

Fatigués et silencieux, nous ne sommes guère distraits que par le bruissement produit par les flocons de neige tombant sur le feu et par le pétillement du bois vert.

Un des nôtres a l'idée de nous faire prendre un acompte sur un déjeuner problématique du lendemain.

Il prend une boîte de homard de conserve, la met sur des charbons ardents, attendant qu'elle soit assez chaude pour l'ouvrir et nous la faire manger.

Tout d'un coup, nous entendons une détonation, c'est la boîte qui fait explosion et qui vole en éclats avec son contenu.

Tout n'est pas perdu, car les morceaux de homard, épars et dispersés au milieu de la cendre et des charbons, sont précieusement recueillis et mangés.

Maigre repas, jeûne forcé de Cénobites.

Quatorze Dindons pour améliorer l'ordinaire de la Batterie

Bois de Bel-Air, 22 janvier 1871, près Montsurs.

Notre maréchal des logis fourrier Giffard, Breton de naissance, mais bien Parisien d'allure, et par conséquent très débrouillard, nous faisait souvent des surprises.

C'était lui qui de préférence était chargé par le capitaine d'aller en perquisition pour trouver dans les fermes, du foin, de l'avoine et de la paille pour les chevaux de la batterie.

Corvée peu enviée, car les paysans, très méfiants de leur nature, faisaient les rétifs et n'ayant aucune confiance dans la valeur des bons de réquisition qu'on leur donnait en échange de leur marchandise, craignaient de ne pas en être payés plus tard.

Car, au paysan, rien ne vaut l'argent comptant et bien sonnant.

Le 22 janvier, alors que nous étions dans les bois de Bel-Air, près Montsurs, notre fourrier revenait de son expédition.

Nous sommes tout surpris de voir qu'à sa selle sont quatorze dindons attachés par les pattes et se débattant à qui mieux mieux, nous donnant un concert délirant avec leurs cris particuliers.

Un paysan, voyant l'occasion belle de se débarrasser de ses élèves, les avait offerts à notre ami Giffard, qui, tenté par le bon marché, s'empressa de les apporter pour améliorer l'ordinaire de ses hommes.

Ce jour-là, nos artilleurs, tout joyeux de l'aubaine, font un pot au feu peu banal et mangent de la soupe de dindons.

Sous-Officier comblé de titres.

Saint-Georges-Buttavent, 28 janvier 1871.

De tous les sous-officiers de ma batterie, c'est moi qui ai le plus de titres. Je suis :

« *Maréchal des logis chef, — waguemestre, garde de parc.* »

Si mon emploi est des plus doux, il n'en est pas de même pour mon cheval, à qui, en dehors de son service, je demande un travail supplémentaire et que je fatigue outre mesure.

J'aimais à lui faire faire de la haute école ; il lui fallait sauter haies et fossés.

C'est ainsi que je montai cinq chevaux pendant la campagne et les rendis tous fourbus.

Le lieutenant Marçais, me voyant passer, disait souvent : « *Tiens, voilà Gédéon et son cheval.* »

Quant au capitaine Clocheret, il m'appelait : « *Le tueur de chevaux.* »

Je ne me doutais guère que je serais doté d'un titre de plus.

Le 28 janvier, à Saint-Georges-Buttavent, je suis invité par mes officiers à partager leur déjeuner ; à la table se trouve un chirurgien-major, qui explique que son cheval a l'énorme défaut de toujours s'engager dans un chemin détourné de la route qu'il doit suivre ; et cela malgré tous ses efforts pour l'en empêcher.

Le lieutenant de K..., très bon cavalier, réplique ironiquement que ce défaut est facilement corrigeable, et qu'en le montant il domptera bien cet animal.

Le café pris, et se promenant sur la route, les officiers voient à une centaine de mètres du village, un petit chemin desservant les champs.

Il est de suite convenu que l'expérience projetée se fera immédiatement.

Revenu au point de départ, le lieutenant monte le cheval, magnifique bête gris pommelé, très douce, de belle allure, caracolant superbement.

Le lieutenant part, et, sûr de lui, file au trot.

Arrivé au petit chemin, le cheval fait un à droite brusque et faillit désarçonner son cavalier, qui revient sur ses pas, recommence plusieurs fois et, tout penaud, finalement y renonce.

L'ordonnance emmenait le cheval à l'écurie, lorsque le commandant Morvan m'invite à le monter. Je n'y tenais pas absolument; pourtant je l'enfourchai.

Par précaution, je vais d'abord au pas; il m'est impossible de l'empêcher d'aller dans le chemin. Je recommence au trot, même résultat avec cette complication que je manque de tomber.

La colère m'empoigne, je tire ferme la bride, cravache et fais sentir les éperons. Le cheval se cabre, écume et pendant près de cinq minutes je cherche à le mâter.

Maintenant, advienne que pourra! Au risque de me casser le cou, je pique des deux et à une allure folle je passe... le chemin!

Heureux de ma réussite, je recommence au trot et au pas; à ma grande stupéfaction, ma monture n'a plus aucune velléité de fauter.

Sur une bête blanche d'écume, je reviens au milieu des officiers et de mes camarades, qui me complimentent et applaudissent à mon succès.

Au dîner, je suis le héros de la fête et la conversation roule longuement sur l'incident de la journée.

Au dessert, le commandant lève son verre et porte un toast :

« A la République »
« *Et... au dompteur de chevaux.* »

Nouveau titre bien imprévu qui s'ajoute aux nombreux autres.

Guerre Franco-Allemande

1870-1871

ARMISTICE

ARMISTICE

de 21 jours

Dépêche officielle

Bordeaux, 29 janvier, 1 h. 40 soir.

Le Ministre de l'Intérieur à M. le Préfet d'Ille-et-Vilaine.

La Délégation du Gouvernement établie à Bordeaux, qui n'avait jusqu'ici sur les négociations entamées à Versailles que des renseignements fournis par la presse étrangère, a reçu cette nuit le télégramme suivant, qu'elle porte à la connaissance du pays dans sa teneur intégrale.

DÉPÊCHE TÉLÉGRAPHIQUE

Versailles, 28 janvier 1871, 11 h. 15 soir.

M. Jules Favre, ministre des affaires étrangères, à la Délégation de Bordeaux.

« Nous signons aujourd'hui un traité avec M. le » comte de Bismark. — Un armistice de vingt-un » jours est consenti. — Une Assemblée est convo- » quée à Bordeaux pour le 15 février.

» Faites connaître cette nouvelle à toute la » France.

» Faites exécuter l'armistice et convoquez les » électeurs pour le 8 février.

» Un membre du gouvernement va partir pour » Bordeaux.

» Signé : JULES FAVRE. »

Un décret, qui sera ultérieurement publié, fera connaître les mesures prises pour assurer l'exécution des dispositions ci-dessus.

Pour copie conforme :

Le Préfet d'Ille-et-Vilaine,

A. BLAIZE.

C'est par l'ordre du jour suivant que le général en chef Chanzy annonce l'armistice à son armée :

GRAND QUARTIER GÉNÉRAL
DE LAVAL

31 janvier 1871.

Ordre général.

Officiers et soldats de la Deuxième Armée,

Un nouveau coup nous frappe, mais ne doit ni ne peut nous abattre. Après une lutte héroïque qui a duré près de cinq mois, après les souffrances et les privations noblement supportées, alors que toute ressource était épuisée à Paris, le Gouvernement de la Défense nationale a dû conclure le 28 janvier à Versailles, avec l'ennemi, une convention dont la conséquence est un armistice de 21 jours expirant le 19 février.

Quelque pénible que soit pour vous la situation que crée cette mesure, alors que confiants en votre droit, animés par votre patriotisme, vous alliez tenter de nouveaux efforts, la parole du Gouvernement engagée doit être loyalement respectée; les hostilités sont suspendues.

Une Assemblée est convoquée, elle saura affirmer que la France entend que son honneur reste intact comme son territoire.

Le devoir pour vous est de mettre ce repos forcé à profit pour vous préparer à reprendre la lutte, si des prétentions orgueilleuses rendent une paix honorable impossible. Sans autre idée que de sauver la Patrie, vous resterez l'armée de l'ordre et de la défense nationale, prête à tous les sacrifices, animée d'un seul désir, celui de combattre à outrance jusqu'au triomphe; d'un seul sentiment, celui de la vengeance, si le but de l'Allemagne est de nous opprimer, de nous réduire et de nous humilier.

Le Général commandant la Deuxième Armée,

Signé : *CHANZY.*

La Défense nationale

1870-1871

RÉORGANISATION

De la 2me Armée de la Loire

PENDANT L'ARMISTICE

Marche de la 2me Batterie d'Artillerie d'Ille-et-Vilaine.

GUERRE FRANCO-ALLEMANDE

1870-1871

Marche de la 2e Batterie d'artillerie d'Ille-et-Vilaine pendant l'Armistice

Du 12 février au 7 mars 1871.

Nous savons que la deuxième armée de la Loire, dans le cas de reprise des hostilités, doit se réorganiser et se porter vers une autre direction.

Le 12 février 1871, notre batterie reçoit l'ordre de partir.

Le temps est abominable.

Nous allons dans la direction de Segré pour une destination inconnue de nous jusqu'alors.

Le 12, nous passons à Alexain, notre premier arrêt est la Baconnière où nous couchons dans les greniers.

Le 13, nous traversons Saint-Ouin-les-Toits et arrêtons à Loiron.

Le 14, nous sommes à Cossé-le-Vivien.

Le 15, nous faisons halte à Ampoigné et allons coucher à Segré, où les grands-parents de notre excellent camarade Lefebvre, maréchal des logis, nous offrent si gracieusement à dîner.

Le 16, nous arrivons à Saint-Georges-sur-Loire et campons près la gare.

Le 17, nous revenons sur nos pas, retraversons Saint-Georges, passons par Saint-Jean-de-Linière et nous arrêtons le soir en avant d'Angers.

Nous parquons notre artillerie sur la route longeant la Maine, qui est très large et très belle. A cet endroit sont des rochers qui donnent l'illusion de la rade de Brest.

Angers est une très belle ville; nous y admirons la cathédrale Saint-Maurice et le château.

Voilà une semaine que d'étape en étape nous marchons sans savoir ce que l'on veut faire de nous.

Nous apprenons que l'armistice est prolongé de cinq jours.

Le 18 nous sommes passés en revue à Angers avec toutes les troupes par le général Jaurès.

A midi nous repartons et passons sur les ponts de Cé.

Nous devions, paraît-il, aller à Poitiers, mais un nouvel ordre change notre direction.

Le 19, nous passons à Brissac, où se trouve un magnifique château féodal, et traversons Doué-la-Fontaine.

Le 20, nous atteignons Montreuil-Bellay et y faisons séjour; dans cette ville est un important château et un donjon flanqué de tourelles.

Le 22, nous continuons notre marche et allons coucher à Puy-Notre-Dame, où existe une bien vieille église, style angevin.

Le 23, après être repassés par Montreuil-Bellay, nous sommes à Thouars, près d'un château dont les fondations sont imposantes.

En passant par Saint-Jouin-des-Marnes, dans les Deux-Sèvres, nous admirons une église, superbe échantillon d'architecture romane poitevine.

Dans notre marche nous remarquons, non loin de la route, un splendide dolmen; la plate-forme, supportée par quatre pierres immenses, est percée d'un trou pour l'écoulement du sang des victimes sacrifiées.

Actuellement son usage est plus pacifique, le dessous sert à remiser des charrettes.

Près d'un tumulus éventré nous trouvons deux coquillages fossiles très curieux.

Le 24, nous sommes à Moncontour.

Le 25, nous passons dans Saint-Clair et atteignons Mirebeau, vieille ville où l'on voit encore des vestiges d'anciennes fortifications.

A dater du 25 février, nous faisons partie de la réserve générale de l'artillerie du 21e corps.

Le 26, nous arrivons à Neuville, à 16 kilomètres de Poitiers, nous y sommes cantonnés jusqu'au 6 mars.

La petite ville est assez jolie. Mon camarade Delalande et moi logeons chez le maire du pays,

M. Berthellemy, qui, avec sa femme, nous choient comme leurs enfants.

Une jolie chambre, un bon lit, le chocolat le matin, c'est un régime auquel nous ne sommes pas habitués; cela nous semble bon vraiment.

TABLEAU D'ORDRE DE MARCHE

Réorganisation.

Dates	Noms des Pays parcourus	Départements
12 Février 1871.	Saint-Georges-Buttavent	Mayenne
»	Alexain, Saint-Germain-le-Guillaume	»
12	La Baconnière, Saint-Ouen-des-Toits	»
13	Loiron	»
14	Cossé-le-Vivien, Simple, Laigné	»
»	Ampoigné, Saint-Quentin	»
15	Segré, Vern, Bécon	Maine-&-Loire
16	Saint-Georges-sur-Loire	»
»	Saint-Jean-de-Linières	»
17	Angers	»
18	Ponts-de-Cé	»
19	Brissac, Doué-la-Fontaine	»
20 et 21	Montreuil-Bellay	»
22	Le Puits-Notre-Dame	»
23	Taizé, Thouars et Saint-Jouin-des-Marnes	Deux-Sèvres
24	Moncontour, Saint-Clair	Vienne
25	Saint-Jean-des-Sauves	»
»	Mirebeau	»
du 26 février au 6 mars.	Neuville	»

263 kilomètres parcourus.

Guerre Franco-Allemande

1870-1871

ANECDOTES ET ÉPISODES

Pendant

L'ARMISTICE

Armistice.

Sous-Officier déguisé en civil.

Saint-Georges-Buttavent, 1er février 1871.

Mes parents, accompagnés de mon frère, ayant hâte de me voir après une si longue absence, viennent le 1er février à Saint-Georges-Buttavent, où nous cantonnons.

Mes camarades les invitent à déjeuner à notre cantine et les reçoivent avec d'autant plus de joie qu'ils ont par eux des nouvelles fraîches de leurs familles.

Le lendemain, nous déjeunons avec les officiers au mess, et le soir mes parents les reçoivent à dîner à l'Hôtel de l'Ouest, à Mayenne.

M. Béesau, de Rennes, qui a fait un instant partie de notre batterie, nommé depuis officier d'ordonnance du colonel Sûter, est des nôtres; par sa gracieuse démarche auprès de notre colonel, je suis autorisé verbalement à accompagner ma famille à Rennes, mais à la condition expresse de m'y rendre en civil. Faveur d'autant plus grande qu'elle n'est accordée qu'à quelques officiers.

De retour à Saint-Georges, je cherche à me procurer des vêtements civils. Je m'adresse à notre cabaretier, un petit homme mince, le seul d'ailleurs qui puisse me prêter des effets convenables.

Son pantalon est malheureusement trop court et de beaucoup trop étroit. Je l'enfile par-dessus mon pantalon d'ordonnance, sur lequel je l'épingle, ne pouvant arriver à le boutonner.

Son veston me serre aux épaules et, trop petit, ne parvient pas à cacher ma tunique.

Ajoutez à cela un chapeau de feutre noir à larges bords entrant à peine sur la tête; un foulard rouge autour du cou, et vous voyez d'ici mon accoutrement.

Je ne pouvais décemment voyager ainsi et surtout passer inaperçu.

Comment faire?

Je pense à mon ami Lefebvre, maréchal des logis; il me prêtera volontiers son grand macfarlane qui ne le quitte pas depuis le commencement de la campagne. Il ira d'ailleurs très bien avec le reste et complétera parfaitement mon déguisement.

Je rejoins mes parents à la gare en éprouvant une certaine difficulté à marcher avec mon pantalon qui me bride et me force à faire de petites enjambées.

De Mayenne à Laval, nous sommes seuls dans notre compartiment de 1re classe, et nous nous égayons de mon habillement bizarre.

Laval : arrêt. Je me place dans un coin, mon frère près de moi me dissimule; mon père et ma mère en face.

Au coup de sifflet de départ monte un capitaine d'active des chasseurs à pied. Je me recroqueville dans mon encoignure, rabats mon chapeau trop petit sur le nez et feins de dormir.

Je risque bientôt un œil dans la direction de l'officier et je remarque qu'il me regarde obstinément, me détaille des pieds à la tête et fixe surtout le côté de mes chaussures.

Intrigué, je porte mon regard de ce côté, et je vois, ô stupeur, que mon pantalon d'artilleur, retenu par ses sous-pieds, dépasse le pantalon de civil.

J'en restai tout penaud et songeai que quand même tout se passerait bien quand, en atteignant Vitré, l'officier, passant poliment devant mon frère et me frappant sur l'épaule, me dit :

« *Soldat, que faites-vous ici, ainsi déguisé?* »

Mû comme par une commotion électrique, je me lève, rectifie la position et fais le salut militaire :

« *Mon capitaine, je suis autorisé d'aller à Rennes.* »

Le capitaine. — « *Montrez-moi votre permission.* »

Le sous-officier. — « *Le colonel Sûter me l'a permis verbalement, mon capitaine.* »

Le capitaine. — « *Ta... ra... ta... ta, votre nom, celui de votre batterie.* »

Pendant que le capitaine prend des notes sur son carnet, mon père, prenant la parole, lui explique la genèse de ma permission.

Le capitaine. — « *Je veux bien vous croire,*

Monsieur, mais je suis obligé de faire mon rapport, et si le fait n'est pas exact, il en cuira à ce sous-officier. »

Après avoir, pendant huit jours, goûté les joies de la famille et m'être laissé choyer et cajoler par mes parents, je reviens le 11 février à Mayenne.

Je vais voir M. Béesau, qui me dit avoir lu le rapport de l'officier de chasseurs, et que le colonel Sûter n'y avait pas donné de suite, ainsi qu'il l'avait promis.

Peste Bovine.

Saint-Georges-Buttavent, février 1871.

Les bestiaux requis par l'Intendance précédaient l'armée en retraite.

Ces pauvres animaux harcelés par des hommes brutaux ne cessaient de marcher presque sans nourriture.

Ils sont parqués dans les champs aux environs de Mayenne pendant l'armistice.

Une effrayante épidémie les atteint : c'est la peste bovine !

Presque tous sont frappés et contaminent les bœufs, les vaches des fermes environnantes.

A Saint-Georges-Buttavent, où nous sommes cantonnés, l'épidémie n'en épargne aucun.

Les soldats de corvée, munis de pelles et de pioches, font d'immenses tranchées où les cadavres empilés par rangées sont recouverts de chaux vive pour en hâter la décomposition.

Des tanneurs en avaient acheté les peaux, et c'est complètement dépouillés que l'on voit, par les chemins, passer ces monceaux de chair sanguinolente sur des traîneaux improvisés.

Il est ordonné aux soldats de se couvrir la bouche et le nez avec leurs mouchoirs noués en bandeaux derrière la tête.

Une ample provision d'eau-de-vie leur est allouée, ce qui, non seulement leur donne du courage pour cette répugnante besogne, mais aussi les empêche de respirer l'air empesté qui les environne.

En Marche sur Bourges

Février 1871

—

Pont suspendu.

La nuit est d'un noir d'encre.

Notre marche interminable se continue, une rivière se présente. La moitié de notre batterie, en colonne serrée, est engagée sur un pont suspendu.

Vers son milieu, je suis tout étonné de sentir trébucher mon cheval.

Qu'a-t-il donc?

Je mets pied à terre et ressens le même balancement qui va en s'accentuant.

C'est le pont qui faiblit et s'affaisse.

Je cours à la tête de la batterie; j'avertis le capitaine qui, d'un commandement clair et bref, arrête la colonne entière.

Doucement il fait circuler le premier canon, puis le caisson, et ainsi de suite de toutes les voitures, l'une après l'autre, jusqu'à la terre ferme.

Au fur et à mesure que le pont est délesté, il se relève et reprend sa position normale.

Si la batterie avait été engagée tout entière, le pont se serait certainement rompu.

Les hommes, les chevaux, les canons et caissons auraient été précipités dans la rivière.

Dans cette nuit noire, combien peu de nous auraient pu s'en retirer sains et saufs.

En Cours de Route.

Chute de Cheval.

Notre batterie vient de quitter le village d'Ampoigné pour aller à Segré.

Les marches que nous faisons sur route sont d'une monotonie désespérante ; pour passer le temps, je faisais souvent sauter mon cheval pardessus les haies et les fossés.

Cet agréable exercice de steeple-chase me divertissait beaucoup.

La pluie qui ne cesse de tomber depuis notre départ de Saint-Georges-Buttavent a rempli les fossés.

Non loin de la route, je remarque un beau ruban blanc au milieu d'un immense tapis vert.

C'est un ruisseau coulant à pleins bords à travers une prairie verdoyante.

Voilà en perspective un beau saut à faire !

Je m'apprête.

Prenant mon élan, je mets mon cheval au galop.

Arrivée près du ruisselet, ma bonne bête s'enlève à mon appel de bride, et sous l'impulsion de mes jambes fait un saut de belle envolée.

En touchant terre, à l'autre bord du ruisseau, les pieds de devant de mon steeple-chaser s'enfoncent presque jusqu'aux genoux dans le terrain détrempé.

Cet arrêt brusque, après un si bel élan, me faisant vider les étriers, me lance comme une flèche par-dessus la tête de mon cheval, et à plusieurs mètres de là (après une courte parabole) je fais un superbe plat-ventre.

Je me relève, la figure, les mains et les vêtements complètement souillés de boue.

Je vais dégager mon cheval qui fait de vains efforts pour se dépêtrer.

Guerre Franco-Allemande

1870-1871

LICENCIEMENT

Désarmement

Retour dans les foyers.

Licenciement de la Garde Mobile

Les préliminaires de la paix sont signés.

Faut-il donc que nous subissions les dures conditions de nos implacables ennemis; n'est-il pas possible de continuer la lutte et de tenter un dernier et suprême effort?

Circulaire ministérielle pour le licenciement de la Garde Mobile.

Bordeaux, le 7 mars 1871.

Gardes Mobiles de Paris et des Départements,

Après six mois d'une campagne laborieuse où vos courages ont été à la hauteur de tous les sacrifices qui vous ont été imposés, vous allez rentrer dans vos familles justement fières de vous.

Vous y porterez la consolation que donne le sentiment d'un devoir noblement accompli.

La fortune a trahi vos efforts, mais vous avez sauvé l'honneur de notre Patrie, et un jour viendra, pas trop éloigné j'espère, où il vous sera donné de lui rendre, à force d'énergie et de dévouement, toute sa grandeur passée.

Soyez-en sûrs, rien, ni personne, ne saurait arrêter longtemps les destinées providentielles de notre Nation.

Le Ministre de la Guerre,

Signé : *Général LE FLO.*

Le licenciement de la Garde Mobile et des mobilisés est donc décidé.

Dès le 7 mars, le maréchal des logis fourrier Delalande et moi allons à Poitiers conduire, à la gare, les mobilisés licenciés qui rentrent dans leurs foyers.

Ces hommes avaient été versés dans notre batterie en remplacement de nos blessés et de nos malades.

Notre mission est terminée vers deux heures.

Nous en profitons pour visiter cette ville, curieuse par la grande quantité de ses vieux monuments.

Nous remarquons l'église de Notre-Dame-la-Grande et la tour Maubergeon.

Les bords de la rivière Le Clain sont fort agréables.

Ordre nous est donné d'aller à Bourges rendre nos canons et nos armes ; à Moulins, nos chevaux et leurs harnais.

Pourquoi Bourges et Moulins ?

Il serait pourtant plus simple et plus rationnel de désarmer à Rennes où notre batterie a été formée.

Le 7 mars, nous quittons Neuville et traversons Poitiers.

Le 8, nous passons la Vienne à Chauvigny où nous restons deux jours.

Le 10, nous traversons la Gartempe à Saint-

Savin où existe une curieuse église du XIe siècle dont la flèche tout en pierre est magnifique.

Le 11, nous sommes au Blanc, où la Creuse coule bien encaissée dans ses rives. Nous visitons les ruines du château du roi Jean, vestiges de château-fort, et la vieille église dont le curé octogénaire nous fait les honneurs.

Un de nos sous-officiers, Delalande, charme ce vieillard en touchant de l'orgue d'une façon artistique.

Du presbytère, admirablement situé, où le vieux curé nous invite à nous rafraîchir, se découvre un magnifique panorama.

Les 12 et 13, nous séjournons à Saint-Gaultier, la route suit le cours de la Creuse.

Le 14, nous faisons notre entrée dans Châteauroux, où nous traversons l'Indre.

Le 15, nous allons coucher à Issoudun, qui possède un donjon XIIIe siècle appelé la Tour-Blanche.

Nous continuons notre marche, nous traversons le Cher à Saint-Florent-sur-Cher et par un temps exécrable, une pluie torrentielle, nous entrons le 16 à la nuit dans Bourges en passant sur le canal du Berry.

Cette dernière étape de 38 kilomètres, pendant laquelle neige, pluie, grêle, vent faisaient rage, a été rude.

Il est dit que pendant cette funeste campagne nous n'aurons eu que ce temps-là.

Pour comble d'ennui, le maire nous refuse des

billets de logement; nos hommes sont envoyés dans une caserne de passage, ils couchent sur de la paille vermoulue, émiettée par la grande quantité de soldats qui ont déjà passé là.

La ville de Bourges possède de beaux monuments.

La cathédrale Saint-Etienne est admirable avec ses cinq portails ornés de sculptures, l'intérieur est superbe.

La maison de Jacques Cœur, construite en partie sur les anciens remparts, est intéressante.

TABLEAU D'ORDRE DE MARCHE

Licenciement.

Dates	Noms des pays parcourus	Départements
7 mars 1871	Neuville	Vienne
8	Poitiers	»
»	Saint-Julien-l'Ars	»
9	Chauvigny	»
»	Paizay-le-Sec	»
10	Saint-Savin	»
»	Ingrandes	Indre
11	Le Blanc	»
»	Ciron	»
12 et 13	Saint-Gaultier	»
»	Lothiers	»
14	Châteauroux	»
»	Neuvy-Paillou	»
15	Issoudun	»
»	Charost	Cher
»	Saint-Florent-sur-Cher	»
16 au 20	Bourges	»

190 kilomètres parcourus avec la batterie,

Allocutions des Généraux

Lors de la Dissolution des Armées et du Licenciement des Troupes.

Quartier Général de Poitiers. *14 Mars 1871.*

ORDRE GÉNÉRAL

Officiers et Soldats de la 2me Armée,

Le traité ratifié le 1er mars par l'Assemblée Nationale met fin à la guerre.

Les armées sont dissoutes.

En m'informant que mon commandement cesse, le Ministre de la guerre ajoute :

« Dites à votre brave armée, officiers de tous « grades et soldats, que je les remercie, au nom du « pays tout entier, de leur courage et de leur patrio- « tisme.

« Si la France avait pu être sauvée, elle l'eût été « par eux.

« La Fortune ne l'a pas voulu. »

Je suis honoré de porter à votre connaissance ce témoignage de satisfaction du Gouvernement.

Vous pourrez être fiers d'avoir fait partie de la 2me Armée, dont les efforts, s'ils n'ont pas abouti au succès que vous avez poursuivi avec tant d'opiniâtreté, ne resteront pas sans gloire pour le pays dont ils ont contribué à sauver l'honneur.

Vous avez tenu tête aux armées les plus nombreuses et les mieux commandées de l'Allemagne.

L'Histoire racontera ce que vous avez fait; l'ennemi lui-même s'honorera en vous rendant justice.

Vous allez rejoindre vos foyers, vos garnisons; conservez inébranlable votre dévouement au Pays; restez, quoi qu'il arrive, les défenseurs de l'ordre.

Quant à moi, mon plus grand honneur est de vous avoir commandés; mon plus vif désir est de me retrouver avec vous, chaque fois qu'il s'agira de servir la France.

Le Général en chef,

Signé : *CHANZY.*

ORDRE GÉNÉRAL

15 Mars 1871.

Officiers, Sous-Officiers et Soldats du 21me Corps,

Un décret du Chef du Pouvoir exécutif dissout la 2me Armée.

Avant de me séparer des troupes du 21e corps, je dois leur exprimer toute ma satisfaction pour le dévouement, la discipline et la solidité dont elles ont constamment fait preuve.

Organisés en quelques jours, vous avez dès votre sortie du Mans, marché comme de vieilles troupes et à vos premiers combats de Saint-Laurent-des-Bois, de Poisly et de Lorges, vous vous êtes montrés inébranlables au feu.

Depuis lors, à Fréteval, à Morée, à Montfort, à Savigné-l'Évêque, vous avez toujours vigoureusement repoussé l'ennemi et jamais le 21e corps n'a quitté ses positions que par un ordre et pour suivre un mouvement général.

A Sillé-le-Guillaume, après une marche de 50 kilomètres dans la neige, vous vous retourniez pour faire tête à l'ennemi et vous le rejettiez jusqu'au-delà de Crissé en lui infligeant des pertes considérables.

Partout, vous vous êtes bien conduits; si vos efforts n'ont malheureusement pas suffi pour assurer le salut de notre chère Patrie, du moins dans le désastre que nous subissons, ce ne sera pas sans fierté que chacun de vous pourra dire :

J'étais du 21me et j'ai fait mon devoir.

Un jour, s'il plaît à Dieu, la France, aujourd'hui épuisée, recouvrera sa force et sa puissance et il vous sera donné de venger le passé.

Puissé-je alors me retrouver au milieu de vous.

Vive la France !

Le Général, Commandant en Chef le 21e Corps,

Signé : *JAURÈS.*

Désarmement et Retour dans les foyers

Le 17 mars, le désarmement commence.

Pendant trois jours nous rendons notre matériel et nos armes.

Après vérification technique, deux de nos canons sont réformés.

Ces pièces ont tellement tiré de coups de canon qu'elles en sont détériorées et deviennent inutilisables.

Elles seront refondues.

Conduits par le capitaine Clocheret et le lieutenant en second Hardy, nos conducteurs vont à Moulins rendre les chevaux et les harnais, et comme les servants de Bourges, rentreront à pied à Rennes.

Nous espérions bien être renvoyés directement dans nos foyers par chemin de fer, mais non!

Pour le peu d'hommes que nous étions, n'est-il pas ridicule et inhumain, après une si rude campagne, de nous faire parcourir 350 kilomètres à pied.

Accompagnés du lieutenant en premier Marçais, les servants partent de Bourges le 20 mars.

Une indemnité journalière nous est allouée avec le pain.

Allocations.

Servants.	0f 65	Trompettes.	0f 88
Conducteurs. . . .	0 75	Brigadiers.	1 »»
Artificiers..	0 84	Maréch. des logis. .	1 49
Ouvriers.	0 70	Maréch. log. chefs.	2 20
Maréch. ferrants. .	0 74		

Le 21, nous arrivons à Vierzon, où nous remarquons une porte féodale tout en ruine.

Le 22, nous sommes à Villefranche.

Le 23, nous traversons Selles et atteignons Saint-Aignan, où nous séjournons; nous suivons toujours le Cher et le canal du Berry.

Le 25, nous cantonnons à Bléré.

Le lendemain, nous passons par Montlouis, où nous remarquons de curieuses habitations creusées en plein rocher, leurs cheminées débouchant dans les champs au-dessus; et aussi des caves dans lesquelles des voitures peuvent aisément entrer et circuler.

Nous restons les 26 et 27 à Tours, où nos hommes sont couchés dans l'ancienne église Saint-Julien sur de la mauvaise paille.

La ville possède de beaux vestiges de l'ancienne abbaye Saint-Martin, les tours Charlemagne et de l'Horloge.

Une promenade appelée le Mail, plantée de beaux arbres, contourne une partie de la ville.

La magnifique rue Royale, longue de près d'un kilomètre et bordée de beaux magasins, traverse Tours en son entier et vient déboucher au pont de pierre jeté sur la Loire, qui, à cet endroit, n'a pas moins de 450 mètres de largeur.

Le 28, nous quittons Tours, traversons la forêt de Château-la-Vallière et couchons dans cette ville.

Il fait maintenant un temps splendide, un soleil brûlant qui nous semble vraiment bon après cette funeste campagne de cinq mois, où tous les éléments étaient déchaînés sur nous, où les misères, les privations de toutes sortes nous accablaient, où le moral était si affecté par nos revers successifs que nous avions le cœur angoissé du désastre consommé et du deuil de la France, qui venait de perdre l'Alsace et la Lorraine.

Maintenant, c'est la nature qui réjouit nos yeux par des frondaisons nouvelles; c'est le beau soleil qui réchauffe notre corps endolori; c'est le bonheur de retrouver les siens au foyer familial.

Volontairement, nous cherchons à ne plus nous rappeler le passé encore si près de nous; et pour nous étourdir (car le cœur n'y est pas) nous faisons nos étapes en chantant des chansons de route qui nous aident à marcher.

Sur notre parcours, nous avons quelquefois vu un drapeau d'ambulance flotter à la fenêtre d'une habitation.

Le chant, à cette vue, s'arrêtait net dans notre gorge, et c'est émus et compatissants que nous passions devant cette maison où souffraient de pauvres blessés de la guerre, soignés par des âmes charitables qui les avaient recueillis.

Nous pouvions alors nous estimer heureux d'être sortis sains et saufs de cette mêlée sanglante.

Le 29, nous passons par Le Lude et faisons séjour à La Flèche, où nous sommes logés dans le Prytanée Militaire.

Notre marche se continue, nous nous arrêtons le 31 à Sablé, où se voit un château, ancienne forteresse du moyen-âge.

Le 1er avril, nous sommes à Laval, nous visitons la ville; dans l'église de Saint-Vénérand, nous admirons de superbes verrières.

Le 2, nous restons à Vitré, où est un vieux château, autrefois forteresse féodale, ainsi que de très beaux restes de remparts.

Nous suivons la Vilaine.

Enfin, ô bonheur inexprimable! nous faisons notre entrée dans Rennes le 3 avril 1871.

Quelle triste vie que celle du soldat d'une armée continuellement vaincue.

Le cauchemar est dissipé, mais pourtant aucun de nous n'hésiterait à reprendre les armes, si la guerre recommençait, avec le suprême espoir cette fois de prendre une revanche éclatante et de reconquérir nos deux malheureuses provinces, l'Alsace et la Lorraine, arrachées si brutalement à leur Mère-Patrie.

TABLEAU D'ORDRE DE MARCHE

Retour dans les Foyers.

Dates	Noms des pays parcourus	Départements	Dates	Noms des pays parcourus	Départements
20 mars	Bourges	Cher	29 au 30	La Flèche	Sarthe
»	Méhun-sur-Yèvre	»	»	Crosnières	»
21	Vierzon	»	»	Louailles	»
»	Thenoux	»	31	Sablé	»
»	Mennethou-s.-Cher	Loir-et-Cher	»	Meslay-du-Maine	»
22	Villefranche	»	1er avril	Laval	Mayenne
»	Selles-sur-Cher	»	»	Saint-Berthevin	»
23 et 24	Saint-Aignan	»	»	La Gravelle	»
»	Mareuil	»	2	Vitré	Ille-et-Vilaine
25	Bléré	Indre-et-Loire	»	St-Jean-sur-Vilaine	»
»	Croix-de-Bléré	»	»	Châteaubourg	»
»	St-Martin-le-Beau	»	»	Noyal-sur-Vilaine	»
»	Montlouis	»	»	Cesson	»
26 et 27	Tours	»	3	Rennes	»
»	La Membrolle	»			
28	Château-la-Vallière	»			
»	Le Lude	Sarthe			
»	Thorée	»			

355 kilomètres parcourus à pied.

RÉSUMÉ

Par le Capitaine de la Batterie.

RÉSUMÉ

Des Observations particulières du capitaine Clocheret

Tant au point de vue du personnel qu'à celui du matériel pendant la campagne.

PERTES EN HOMMES

Le nombre d'hommes tués au feu pendant la campagne ou grièvement blessés est de six, et ceux tués ou blessés par accident de deux.

Le nombre d'hommes atteints par la maladie, dont la gravité de la situation a nécessité leur entrée dans les ambulances, est de trente environ. Parmi ceux de la première catégorie, il ne m'a pas été donné de connaître le nombre des morts.

MALADIES. — LEURS CAUSES

Les principales maladies ayant concouru à décimer l'effectif de la batterie sont : la bronchite, la dysenterie, la fièvre intermittente et la petite vérole.

Les causes auxquelles on peut les attribuer sont : l'habillement insuffisant pour une période d'hiver, les marches pénibles par tous les temps, la nourriture prise irrégulièrement, les excès de fatigues de toutes natures.

HABILLEMENT

Les pantalons et les vareuses étaient faits de

draps si médiocres et si minces que ces effets ne mettaient pas les hommes à l'abri des froids si rigoureux qui ont sévi pendant le funeste hiver. Nous manquions de manteaux chauds, ainsi qu'en doit être pourvue une armée en campagne.

Il m'est pénible d'avoir à rappeler que l'administration de la guerre ait été obligée de renforcer les combattants par des soldats aussi mal équipés.

Malgré mes demandes et réclamations réitérées avant la mise en route, il ne m'a pas été possible d'obtenir quoique ce soit pour mes hommes, qui cependant, se seraient contentés du strict nécessaire.

EQUIPEMENT

Est-il besoin de dire aussi que pour camper, la petite couverture transparente dont chaque homme était pourvu était insuffisante, surtout en décembre, alors que la température s'abaissait souvent à moins de 10 degrés.

D'autres causes ont puissamment fait naître les germes des maladies précitées, tels : le manque de sommeil et l'excès de fatigues occasionnées par des marches fréquentes de vingt-quatre heures sans repos.

NOURRITURE

La nourriture a été suffisante, grâce il est vrai à mon droit de réquisition, mais elle n'était pas assez variée. Il est regrettable que le riz, bien qu'il soit reconnu pour un aliment sain, agréable, léger et assez nutritif, ait été donné chaque jour à l'exclusion des pois, haricots et lentilles. Ces derniers légumes eussent été volontiers acceptés, ne fût-ce que pour apporter un peu de changement dans la nourriture.

Il n'est pas rationnel que le riz seul comme légume entre dans l'alimentation du soldat et la preuve de ce que j'avance, est qu'après un usage de six semaines, les hommes en étaient tellement fatigués qu'ils refusaient de l'accepter du fourrier.

PERTES EN CHEVAUX

Le feu de l'ennemi a causé à la batterie une perte de 15 chevaux tués ou gravement blessés. Le nombre de ceux morts à la suite de maladies s'est élevé à 18. La perte de ces derniers doit être attribuée à l'excès de fatigue, à l'irrégularité des heures de repas aussi bien qu'à l'inclémence de la saison d'hiver qui a succédé à un automne pluvieux.

Il me plaît d'avoir à affirmer que les fourrages n'ont jamais fait défaut depuis notre incorporation dans la 2me armée de la Loire, et que je n'ai pas le souvenir de m'être trouvé dans la nécessité de réduire la ration.

HARNACHEMENT

La batterie était très mal outillée.

Le harnachement était tellement défectueux que je fus obligé de le faire remplacer au moyen de bons de réquisition, au fur et à mesure des besoins, dans les villes et bourgs qui se trouvèrent sur mon passage pendant la campagne.

Je me vis souvent forcé de requérir des ouvriers civils pour aider nos bourreliers occupés journellement à réparer les colliers de paille à attelles en bois brut, et les harnais faits de cordes dont nos pièces étaient attelées.

MATÉRIEL

Si ce n'est que deux pièces, dont l'âme et les rayures, détériorées par le trop grand nombre de coups tirés, ont été réformées par la Commission technique, tout le matériel qui m'a été confié dès notre entrée en campagne a été versé à la division d'artillerie de Bourges, sans qu'il ait subi de réelles dégradations.

Les affûts, comme les caissons, ont offert toute la résistance attendue.

Mais nos pièces, comparées à celles de l'ennemi, ont été reconnues bien inférieures quant à la portée.

Dans les combats d'artillerie, quand l'attaque de l'ennemi se produisait à plus de 3,000 mètres, il fallait, pour avoir des feux meurtriers, nous rapprocher de lui jusqu'à cette distance, qui était la portée de nos canons.

Souvent pendant l'action, des excavations ont dû être creusées pour y placer nos affûts de manière à obtenir la plus grande portée possible.

Signé : CLOCHERET.

Fac-Similés

La garde mobile manquait presque totalement d'imprimés, aussi la comptabilité s'établissait-elle sur un papier blanc quelconque.

Les bons de réquisition de fourrage dans les fermes, ceux d'achat d'outillage dans les bourgs et villes, ceux de grosses réparations au matériel ou de fournitures de toutes sortes sont tout simplement écrits sur des feuilles détachées d'un carnet et signés du capitaine.

Ci-après quelques spécimens.

Artillerie mobile d'Ille et Vilaine
2e Batterie

Bon pour 2 pelles
2 tire-bourre
2 hachettes
1 Déboucheur à évents
1 paquet lanières
2 pioches
} Matériel de 12 rayé

Le Mans le 8 Janvier 1871
Le Capitaine Commandant la Batterie
[illegible]

Fac-similé d'un bon d'achat d'outils d'artillerie.

Artillerie mobile d'Ille-et-Vilaine
2e Batterie

Bon pour 150 Rations de paille
Epuisay le 2 Decembre 1870
Le Capitaine Commandant la Batterie

Quotité de la Ration 5 K°

Spécimen de bon de réquisition de fourrage.

Parc du 21e Corps

Reçu deux cent soixante-dix fusées fusantes de la 2e batt. des mobiles d'Ille-et-V.
Le Mans, le 8 Janvier 1871
L'Ouvrier d'État
Wolff

Fac-similé d'un reçu du parc du 21e corps d'armée pour échange de fusées fusantes d'obus pour des fusées percutantes.

Billet de logement —

Mr. Berthelemy maire,
est requis de loger deux officiers
et de leur fournir feu et chandelle

Neuville, le 25 février 1871

Le Maire.

MAIRIE DE NEUVILLE (VIENNE)

Fac-similé d'un billet de logement chez l'habitant.

TABLEAU RÉCAPITULATIF

du Nombre de Kilomètres parcourus pendant la Guerre.

Les différentes phases de la Guerre	*En Avant*		*En Retraite*		*Divers*			Totaux
	En Chemin de fer	Avec la Batterie	En Chemin de fer	Avec la Batterie	En Chemin de fer	Avec la Batterie	A Pied	
Formation.					82		66	148
1re Campagne.	225	31	29	103				388
2e Campagne.		118		138				256
3e Campagne.		5		163				168
Réorganisation.						263		263
Licenciement.						190		190
Retour dans les foyers							355	355
En Chemin de Fer. . . .	225		29		82			336
Avec la Batterie.		154		404		453		1011
A Pied.							421	421
En Avant.	379							
En Retraite.			433					
Divers.						956		

Total : 1,768 kilomètres parcourus.

Sans compter les allées et venues provenant soit de contre-ordres modifiant les itinéraires dans la marche de l'armée, soit de changements de position à prendre pendant les combats.

La Défense nationale

DEUXIÈME PARTIE

DOCUMENTS DIVERS

ARMÉE DE L'OUEST

10 octobre au 24 novembre 1870.

Commandement supérieur Régional. — Quartier Gal du Mans

Général de Division Fiéreck.

État-Major Général de Nogent-le-Rotrou

Colonel Rousseau

Chef d'État-Major Général.

AVANT-PROPOS

Je dois à l'extrême obligeance de M. Lucas, ex-officier de cavalerie, neveu de feu M. le général Rousseau, de pouvoir mettre sous les yeux de mes anciens compagnons d'armes la copie textuelle des documents relatant des faits peu ou pas connus, restés inaperçus au milieu des terribles événements qui les ont suivis.

« L'original de ces documents est classé aux archives du ministère de la guerre. »

C'est aussi grâce à son aimable et si gracieuse autorisation que j'ai pu extraire des papiers militaires personnels du général Rousseau l'exposé relatif à l'armée de l'Ouest qui eut une existence de si courte durée (du 10 octobre au 24 novembre 1870).

Cette armée, qui n'a que peu d'artillerie, peu de cavalerie, pas d'intendance, ni d'ambulances, n'est formée que de soldats improvisés à la hâte, mal armés, mal équipés, misérablement vêtus, qui ont pourtant en différents combats tenu tête à un ennemi dix fois supérieur en artillerie, cavalerie et en hommes d'armée régulière bien exercés et aguerris par quatre mois de combats heureux.

L'exposé très circonstancié du colonel du génie Rousseau (plus tard général à l'armée de la Loire et ensuite secrétaire général de la grande chancellerie de la Légion d'Honneur) *sur les combats qu'il eut à soutenir en Beauce du 17 au 21 novembre 1870 montre combien était difficile la tâche qui incombait à l'armée de l'Ouest, et en particulier à ses chefs.*

Les rapports qui suivent sont d'autant plus intéressants pour la 2e batterie d'artillerie mobile d'Ille-et-Vilaine *qu'ils relatent les combats du 21 novembre 1870 à La Fourche, à Thiron-Gardais et à Senonches, où ses trois sections reçurent le baptême du feu.*

Gédéon MARTINEAU.

GUERRE FRANCO-ALLEMANDE

1870-1871

DEUXIÈME PARTIE

Armée de l'Ouest[1].

Etat-Major général de Nogent-le-Rotrou.

E colonel du génie Rousseau, chef d'état-major général du général Fiéreck, commandant supérieur de l'armée de l'Ouest, déposa, rue Montauban n° 4, au Mans, les archives de la ligne de défense du Perche, lorsqu'il prit le commandement de la 1re division du 21e corps, le 24 novembre 1870, après en avoir extrait et remis à l'état-major du général commandant le 21e corps les pièces utiles à sa formation.

Pendant l'occupation du Mans par l'ennemi, ces archives ont été complètement détruites et il n'en est resté aucun vestige.

1. *Armée dans laquelle la 2e batterie d'artillerie mobile d'Ille-et-Vilaine a fait sa première campagne et reçu le baptême du feu le 21 novembre 1870. Page 49.*

Le présent exposé étant rédigé de souvenirs et à l'aide d'un très petit nombre de pièces restées entre les mains du général Rousseau, ne peut être, quoique d'une scrupuleuse exactitude, un journal, mais simplement un résumé des opérations.

Chaque jour, du 20 octobre au 21 novembre, le grand quartier général, le préfet de l'Orne et le général commandant ce département recevaient des rapports et des dépêches qui, s'ils ont été conservés, compléteront celui-ci.

Le 10 octobre 1870, le général de division Fiéreck prenait le commandement supérieur régional de l'Ouest et établissait son quartier général au Mans.

La ligne qu'il était chargé de défendre s'étendait de Louviers à Châteaudun, protégeant Evreux, Dreux, Chartres, Bonneval et Châteaudun.

Le 20 octobre, après l'occupation de Chartres par les Prussiens, cette ligne fut reculée dans le département de l'Eure-et-Loir jusqu'à la Loupe, Illiers, Brou et Châteaudun.

Pour la défendre, des forces assez importantes furent dirigées sur Nogent-le-Rotrou.

Le 20, le 4e bataillon des mobiles de l'Orne arrivait à Nogent, venant de Condé; les trois autres, venant de Dreux, arrivaient le 21.

Le 21, le général Fiéreck envoya à Nogent son

chef d'état-major général, le lieutenant-colonel Rousseau, prendre le commandement.

Le 22 arrivèrent les 1er, 2e et 3e bataillons des mobiles de la Manche, formant le 30e mobile sous les ordres du colonel Lemoine des Mares.

Le lieutenant-colonel Rousseau établit son quartier général à Nogent et prit comme sous-chef d'état-major le commandant du May, qui commandait un corps de mobiles et de volontaires à cheval, organisé par lui et adjoint à la mobile de l'Orne.

Par décision du 30 octobre, le général approuvait ce choix, ratifié primitivement par dépêche télégraphique.

Vers le 25, M. Faliès, capitaine de mobiles, hors cadre, et M. de Kergolay, sous-lieutenant, furent adjoints à l'état-major.

Au fur et à mesure que les forces lui arrivaient, le colonel Rousseau les dirigeait sur la ligne de défense, que quelques jours après, il divisait en trois parties.

La première brigade, formant la gauche, placée sous les ordres du commandant de la Ferronnays, du 4e bataillon des mobiles de l'Orne, établi à La Loupe, s'étendait de Digny à Saint-Denis-des-Puits en passant par Pontgouin, Friaize et Le Thieulin, avec postes en avant de ces points, était composée de :

4e Bataillon des Mobiles de l'Orne. . . . . Commandant de la Ferronnays.	1,200	
1er Bataillon des Mobiles de l'Orne. . . . Commandant de Montaigu.	850	
4e Bataillon des Mobiles du Calvados.. . Commandant Petitville.	1,070	4,445 hommes.
1er Bataillon des Mobiles du Morbihan.. Commandé par le capitaine Regaleau.	1,100	
Francs-tireurs de l'Hérault.. . . . . . . Commandant Rey de Belhomey.	200	
Francs-tireurs de la Charente..	25	

La 2e brigade, formant le centre, sous les ordres du colonel des Moutis, du 49e régiment des Mobiles de l'Orne, établi, à Montigny, s'étendait de Saint-Denis-des-Puits à Frazé en occupant les Corvées-les-Yis, Nonvilliers, Happonvilliers, Combres, la Croix-du-Perche et les positions avancées des Châtelliers-Notre-Dame, Illiers et Méréglise.

Elle se composait de :

2e Bataillon des Mobiles de l'Orne . . . . Commandant Lt-Colonel des Moutis.	1,200	
3e Bataillon des Mobiles de l'Orne.. . . . Commandant Boudonnet.	1,400	
2e Bataillon des Mobiles de la Loire-Inf. Commandant Candeau.	1,200	
6e et 7e Compagnies des Bouches-du-Rh. Commandant de Brignardelli.	250	5,266 hommes.
Francs-tireurs de Nice.	50	
Francs-tireurs d'Oran.	66	
1er Bataillon des Mobiles de la Sarthe. . Commandant de Mailly.	1,100	

La 3e brigade, formant la droite, sous les ordres

du colonel des Mares, à Luigny, s'étendait de Frazé à la Chapelle-Royale, et occupait Unverre et Dampierre, avec avant-poste à Brou.

Elle se composait de :

1er *Bataillon des Mobiles de la Manche.* Commandant de Grainville.	1,150	3,450 hommes.
2e *Bataillon des Mobiles de la Manche .* Commandant de Clinchant.	1,150	
3e *Bataillon des Mobiles de la Manche.* Commandant Renouf de Vains.	1,150	

RÉSERVE

La réserve se composait de :

5e *Bataillon des Mobiles de la Sarthe. .* Commandant Safflet.	1,100	2,560 hommes.
Francs-tireurs de Lipowski, environ. .	1,200	
2 *Batteries d'artillerie de 8. . . . .*	260	

Les corps, attendant leur destination, formaient une réserve à Nogent et fournissaient des détachements à La Fourche des routes de La Loupe et de Courville et à Thiron-Gardais.

Les éclaireurs à cheval de l'Orne faisaient le service de la correspondance entre Nogent et ces centres d'action.

Les officiers auxquels les commandements étaient confiés, principalement MM. des Moutis et de la Ferronnays, faisaient preuve d'une grande intelligence et déployaient une grande activité.

Leurs avants-postes étaient parfaitement placés, le service des grandes gardes très bien fait; il ne se passait pas de jour que des éclaireurs ennemis ne fussent pris ou tués, tantôt sur un point, tantôt sur un autre.

De plus, les renseignements les plus certains sur les forces qu'ils avaient devant eux étaient journellement transmis à Nogent.

L'état-major, de son côté, envoya à Chartres trois officiers de francs-tireurs Lipowski pour s'assurer des forces de l'ennemi dans cette ville.

Cette mission, parfaitement accomplie et clairement détaillée dans un rapport envoyé au général en chef, fait le plus grand honneur à ces officiers, MM. le capitaine Katsner, le lieutenant Echasson et le sous-lieutenant Cardon.

Il s'agissait de savoir si les forces dont on disposait étaient suffisantes pour rentrer dans Chartres.

Il fut reconnu qu'avec l'artillerie qui la défendait et la garnison augmentée par de nombreux passages de troupes, sur la valeur desquelles il était difficile d'être exactement renseigné, cette entreprise offrait peu de chance de réussir, avec les jeunes soldats dont on disposait pour tenter ce coup de main.

On dut y renoncer.

Du 1er au 10 novembre, le colonel Rousseau recevait des renforts considérables, tant en infanterie qu'en cavalerie et artillerie, et complétait ses brigades, en composait deux autres destinées à opérer en colonne mobile.

Toutes ces forces, sous le commandement du général Fiéreck, se trouvaient ainsi réparties suivant l'état ci-joint :

1° Colonne sur Châteaudun.

—

GÉNÉRAL FIÉRECK, COMMANDANT EN CHEF.

—

1re Brigade, placée sous le commandement du colonel Pâris.

Désignation des Troupes.	Effectif.	Positions.	Observations.
43e Régiment de marche......	2,898 hommes.	Bonneval	
Fusiliers marins..........	710 »	»	Colonne
Bataillon des Deux-Sèvres....	1,367 »	»	en marche
Mobiles du Gard...........	1,100 »	»	sur Châteaudun
Batterie d'artillerie.........	6 pièces de 8.	»	
Bataillon du Gers..........	Mémoire.	»	

2e Brigade, placée sous le commandement du colonel Sautereau.

Désignation des troupes.	Effectif.	Positions.	Observations.
46e régiment de marche. . . .	3.600 hommes	Courtalain.	
Baton d'infanterie de marine.	750 »	Chapelle-Royale	
Bataillon des Côtes-du-Nord.	1.200 »	do	
Légion de l'Ouest (Zouaves Pontificaux)..	800 »	La Bazoche	
Batterie d'artillerie.	6 pièces de 8	Chapelle-Royale	
4e régiment de marche des cuirassiers.	552 chevaux	Courtalain	Régimt venant de la brigade des Moutis
1er escadron du 5e régiment de cavalerie (mixte)..	130 »		
Francs-tireurs de Tours (capitaine Hilledebran).	110 hommes		En marche pour se rendre entre Bonneval et Châteaudun.
Francs-tireurs de Caen.	79 »		
Francs-tireurs de Flers (Orne)	62 »		

RÉSUMÉ

Dans la colonne de Châteaudun sont comprises les troupes des deux brigades du 17e corps en formation.

1re Brigade..	6.075 hommes	non compris le bataillon du Gers.
2e Brigade.	6.350 hommes	
Cavaliers, 682 chevaux.	682 »	
Franc-tireurs.	241 »	
Artillerie, 12 pièces (commandant Venot).	260 »	
Total.	13.608 hommes	

2° Lignes du Perche

de la Chapelle-Royale à Belhomert, par Illiers et Courville
(52 kilomètres)

SOUS LE COMMANDEMENT DU COLONEL ROUSSEAU, CHEF D'ÉTAT-MAJOR DU GÉNÉRAL EN CHEF ;

COMMANDANT DU MAY, SOUS-CHEF

Nogent-le-Rotrou, quartier général.

1re Brigade, placée sous les ordres du commandant de la Ferronnays, du 4e Bataillon de l'Orne, A LA LOUPE, de Belhomert à Friaize.

Désignation des Troupes.	Effectif.	Positions.
4e Bataillon du Calvados, Ct de Petitville.	1.070 hommes	La Loupe.
8e Bataillon de Chasseurs à pied, commandant Bertrand.	800 »	La Loupe à Belhomert
4e Bataillon de l'Orne, commandant de la Ferronnays.	1.200 »	La Loupe à Pontgouin.
1er Bataillon de l'Orne, commandant de Montaigu.	850 »	Tête des Bois de Champrond à Friaize.
Bataillon du Morbihan, capitaine Regaleau..	1.100 »	Bois de Montécot.
1er Escadron du 6e Régiment de cavalerie mixte, commandant de Curcival. . . .	133 chevaux.	La Loupe.
1 Batterie de 4 (19e batterie du 15e Rég.)	6 pièces de 4.	»
Francs-tireurs de l'Hérault et de la Charente, commandant Rey de Belhomey.	225 hommes.	A Belhomert et après à Digny et Billancelles.

2e Brigade, placée sous les ordres du colonel Tartrat, du 41e de marche. A CHAMPROND-EN-GATINE, de Friaize à Saint-Denis-des-Puits.

Désignation des Troupes.	Effectif.	Positions.
41e Régiment de Marche, commandant Tartrat..	3.450 hommes	Glatigny, le Thieulin, Saint-Denis-des-Puits.
1er Escadron du 6e Rég. de cavalc mixte.	130 chevaux	Champrond.
Francs-tireurs de Clermont-Ferrand. . .	62 hommes	Saint-Denis-des-Puits.

3me Brigade, placée sous le commandement du colonel des Moutis, commandant le 2e bataillon de l'Orne, A MONTIGNY, de Saint-Denis-des-Puits à Frazé.

Désignation des troupes.	Effectif.	Positions.
3e bataillon de l'Orne, commt Boudonnet	1.400 hommes	Nonvillers à Montigny
2e bataillon de l'Orne, commt des Moutis.	1.200 »	Montigny à Méréglise
2e bataillon de la Loire-Inférieure, commandant Candeau.	1.200 »	Frazé
6e et 7e compagnies des Bouches-du-Rhône, commandant Brignadelli. . . .	250 »	Montigny
1 escadron du 6e régiment de marche, capitaine Rozier.	135 »	»
Francs-tireurs de Nice.	50 »	Dans les bois
Francs-tireurs d'Oran.	66 »	Montigny

4me Brigade, placée sous le commandement du colonel Lemoine des Mares, A LUIGNY, de Frazé à La Chapelle-Royale.

Désignation des troupes.	Effectif.	Positions.
1er bataillon de la Manche, commandant de Grainville.	1.150 »	à La Chapelle-Royale
2e bataillon de la Manche, commandant de Clinchant.	1.150 »	Unverre et Dampierre
3e bataillon de la Manche, commandant Renouf de Vains.	1.150 »	Thiron

En réserve à Nogent-le-Rotrou.

Désignation des troupes.	Effectif.	Positions.
5e bataillon de la Sarthe, commandant Safflet.	1.100 hommes	Nogent
Eclaireurs à cheval de l'Orne, commandant du May.	24 chevaux	»
Artillerie de 12 d'Ille-et-Vilaine, capitaine Clocheret.	6 pièces de 12	»

RÉSUMÉ

Troupes.	Infanterie.	Cavalerie.	Artillerie.	Francs-Tireurs.
1re Brigade. . . .	5,020	133 chev.	6 pièces de 4	225
2e Brigade. . . .	3,450	130 »		62
3e Brigade. . . .	4,050	135 »		116
4e Brigade. . . .	3,450			
Réserve.	1,100	24 »	6 pièces de 12*	
	17,070	422 chev.	12 pièces.	403

* NOTA. — La batterie d'artillerie de 12 rayé *(2me d'Ille-et-Vilaine)* n'a qu'un caisson par pièce et n'est par suite, approvisionnée qu'à 72 coups. Elle ne peut, en outre, être mise en mouvement à cause de l'insuffisance de ses attelages; on ne doit la considérer que comme artillerie de position, les chevaux n'ont que des colliers de paille, les harnais sont défectueux, les traits sont en corde, il n'y a pas de selles pour les conducteurs qui montent sur des couvertures.

3° Lignes de l'Orne

de Belhomert à Verneuil et Bourth par Senonches et La Ferté-Vidame (36 kilomètres)

COMMANDEMENT DU GÉNÉRAL DE MALHERBE

quartier général à Bourth.

1re Brigade, placée sous le commandement du lieutenant-colonel Marty.

Désignation des troupes.	Effectif.	Positions
1er Bataillon du Calvados.	5.000 h.	Senonches.
2e Bataillon du Calvados.		
2e Bataillon du 36e de marche.		
3e Bataillon du 36e de marche.		
2 Compagnies de Fusiliers marins. . . .		
1/2 Escadron de chasseurs.		

2e Brigade, placée sous le commandement du lieutenant-colonel de la Marlière.

Désignation des troupes.	Effectif.	Positions
3e Bataillon des Mobiles d'Eure-et-Loir.	3.150 h.	Ferté-Vidame.
3e Bataillon des Mobiles du Calvados. .		

3e Brigade, placée sous le commandement du lieutenant-colonel du Temple.

Désignation des troupes.	Effectif.	Positions
2 Compagnies de Fusiliers marins. . . .	4,000 h.	Verneuil.
3e Bataillon des Mobiles du Calvados.		
1er Bataillon des Mobiles de la Corrèze.		
2e Bataillon des Mobiles de la Corrèze.		
1/2 Escadron de chasseurs..		
1 Batterie d'artillerie.		

4e Brigade, à Bourth et environs, lieutenant-colonel Castillon de Saint-Victor.

Désignation des Troupes.	Effectif.	Positions.
3e Bataillon de la Manche	1,320 h.	Francheville.
4e » d'Eure-et-Loir	850	Mandres.
2e » de la Manche	1,200	Barils.
2e » d'Eure-et-Loir	950	Boissy.
2 Compagnies de Fusiliers marins	200	Bourth.
1 Compagnie du Génie	200	Bourth.
Francs-tireurs	400	En avant des Lignes.

RÉSUMÉ

Troupes.	Infanterie.	Cavalerie.	Artillerie.	Francs-Tireurs.
1re Brigade	5,000	70 chev.		
2e Brigade	3.150			
3e Brigade	4,000	70 chev.	6 pièces de 4	400
4e Brigade	4,720			
Ensemble	16,870	140 chev.	6 pièces.	400

4° Lignes de l'Eure

de Tillières à Vernon et Louviers par Ivry et Pacy

SOUS LE COMMANDEMENT DU GÉNÉRAL KERSALAÜN

Quartier général à Evreux.

Désignation des Troupes.	Effectif.	Positions.
Bataillon de la Loire-Inférieure. .	1.027 hommes	Buisson, Demière, Cocherel.
41e Régiment provisoire.	3.594 »	Galleu, Garenne, Bry, Mercy. Argleville.
39e » »	2.624 »	Sauriens, Vernon, Forêt de Bizy, Pocy.
Francs-tireurs de l'Orne.	63 »	Tillières.
» » de Saintes.. . . .	52 »	Tillières.
» » du Puy-de-Dôme	64 »	La Garenne, Bry.
Eclaireurs de Caen..	130 »	Bois d'Hercourt.
1 Batterie d'artillerie..	134 »	Evreux.

RÉSUMÉ

Infanterie.	7.245 hommes	7.554 hommes d'infanterie.
Francs-tireurs.	309 »	
Artillerie. . . . . . . (6 pièces). .	(134) hommes	

RÉCAPITULATION GÉNÉRALE

Désignation des Lignes de Commandement.	EFFECTIFS			
	Infanterie	Cavalerie	Artillerie	Francs-tireurs
1re Colonne en marche sur Châteaudun	12.425 h.	682 ch.	12 pièces	241 h.
2e Lignes du Perche.	17.070	422 »	12 »	403 »
3e Lignes de l'Orne.	16.870	140 »	6 »	40 »
4e Lignes de l'Eure.	7.245		6 »	309 »
Totaux	53.610 h.	1244 ch.	36 pièces	993 h.

NOTA. — L'armement de ces troupes était différent.

Celles de la ligne étaient armées de chassepots ainsi que les marins, les mobiles des Côtes-du-Nord et les volontaires de l'Ouest (Zouaves Pontificaux).

Les mobiles du Calvados et de l'Orne avaient des fusils à tabatière et ceux de la Manche à piston.

L'armement des Francs-tireurs était très varié : Sniders, Remingtons, chassepots, ce qui compliquait le service des munitions.

Les troupes n'avaient pas d'intendance, les chefs de corps achetaient directement des bestiaux qu'ils faisaient abattre et les vivres de campagne; le pain était fabriqué par les boulangers de centres de population près desquels on opérait, et la ville de Nogent-le-Rotrou sous l'administration de son maire M. Doullay, homme d'un patriotisme, d'un dévouement et d'une activité sans égale, complétait chaque jour ce que les boulangers de son arrondissement ne pouvaient fournir.

M. Favraut, officier d'administration, et plus tard M. Rodet, intendant militaire, furent envoyés à Nogent et s'occupèrent principalement du service des états de solde et de l'équipement.

Armée de l'Ouest.

Episodes.

NOTE DE L'AUTEUR. — *Immédiatement après la guerre, M. Julien, vétérinaire à Nogent-le-Rotrou, m'a raconté deux épisodes qui font honneur à l'un de ses compatriotes, ainsi qu'aux jeunes mobiles d'Eure-et-Loir.*

Ces faits de guerre me paraissent d'autant plus intéressants à relater qu'ils donnent la preuve que les mobiles de 1870, improvisés, ne manquaient ni d'audace ni de courage et qu'à peine incorporés, ils tenaient vaillamment tête aux troupes allemandes aguerries.

Ligne de Défense de l'Orne.

4e brigade.	*Lt-colonel Castillon de St-Victor.*
4e bataillon d'Eure-et-Loir. .	*Commandant N****
7e compagnie du 4e bataillon.	*Capitaine Fergon.*

Garde mobile et cuirassier blanc.

Peu de temps après sa formation, le 4e bataillon d'Eure-et-Loir recevait le baptême du feu à Epernon.

Le 17 octobre 1870, trois jours avant la prise de Chartres par l'armée allemande, la 7e compagnie, commandée par le capitaine Fergon, était envoyée en grand'garde sur la route de Voves.

Le sergent Henri Thomassu, de Nogent-le-Rotrou, et sa section se portant en sentinelles avancées, se cachent dans un fossé de la route, derrière une haie.

A peine sont-ils blottis là qu'ils voient au loin et se dirigeant vers eux, une dizaine de cavaliers ennemis se suivant à 50 mètres les uns des autres.

Ce sont des cuirassiers blancs qui, venant de Châteaudun, font le service de reconnaissance et avancent avec circonspection.

Leur premier éclaireur est à peine à 15 mètres de la première sentinelle de la section des mobiles, qu'un coup de feu parti de la haie tue le cheval qui roule à terre avec son cavalier; les autres cuirassiers font demi-tour.

Le jeune Thomassu, qui vient de descendre le Prussien, saute sur la route; celui-ci, cherchant à se défendre, saisit son revolver; mais le sergent, le mettant en joue, lui crie : « *Haut les mains ou je tire.* »

L'Allemand, se sentant en danger, jette son arme à terre; Thomassu la ramasse, court sus au cuirassier, le désarme de son sabre, détache les sangles qui le retiennent à la selle, l'aide à dégager sa jambe prise sous le cheval, et faisant un bond en arrière, croise la baïonnette sur le cavalier, qui se remet debout.

Le sergent laisse la section aux ordres de son caporal, fait marcher son prisonnier devant lui pour rejoindre la compagnie et le remettre au capitaine.

Ce colosse aux yeux bleus, à chevelure et barbe rousses, détourne vers Thomassu un visage réjoui et tout en cheminant lui dit en mauvais français : « *Moi pien gontant, brissonnier, guerre finie.* »

La 7e compagnie ne rejoignit son bataillon que deux jours après; elle dut conserver pendant ce laps de temps l'Allemand heureux de son nouveau sort.

Reconnaissance allemande surprise par les Mobiles.

Le 18 novembre 1870, à la suite du combat livré près de Dreux, le 4e bataillon des mobiles d'Eure-et-Loir effectue une marche vers Tillières-sur-Avre (Eure) après avoir été aux prises avec l'ennemi de cinq heures et demie du matin à deux heures de l'après-midi.

La 7e compagnie approche de Saint-Lubin-de-Cravant (Eure-et-Loir).

La nuit est sombre; il est environ sept heures.

Le capitaine Fergon et le sergent Henri Thomassu, marchant seuls un peu en avant de la petite colonne, passent devant une ferme d'où près de la porte un factionnaire crie : « *Werda* » et croise la baïonnette sur la poitrine du capitaine, qui comprenant : « *Halte-là,* » la relève brusquement de la main et dit : « *Faites donc attention, vous voyez bien que nous sommes des mobiles.* »

A peine ces mots sont-ils prononcés que le capitaine s'apercevant de son erreur, saute sur la sentinelle allemande, l'empoigne à pleins bras et tous deux roulent à terre dans un rapide corps à corps.

A la même seconde, Thomassu est à moitié étourdi par un violent coup de crosse de fusil qu'un autre Wurtembergeois lui assène sur le front et le nez.

Le jeune sergent, aveuglé par le sang, saisit instinctivement le fusil de son ennemi et le lui arrache des mains ; le soldat désarmé se sauve. Thomassu le poursuit et dans la cour de la ferme le transperce de la baïonnette du Dreyse qu'il lui a pris.

Il revient en courant vers son capitaine pour le dégager, mais ce dernier avait eu raison de son adversaire.

La compagnie, accourue au bruit de la lutte, se trouve en un instant face à face avec de nombreux ennemis. Les mobiles lâchent une bordée de coups de fusils sur les Allemands surpris, qui se sauvent par toutes les issues, laissant derrière eux une dizaine de morts et de blessés.

Le capitaine Fergon poste immédiatement ses soldats à l'appui des murs de la ferme; les Wurtembergeois, revenus en force et salués par une décharge de mousqueterie qui leur tue encore quelques hommes, fuient en désordre.

La position devient dangereuse, car l'on voit au loin des fusées d'alarme et l'on entend des sonneries de clairons allemands, ce qui indique que la 7e compagnie va avoir sur les bras tous les Prussiens qui sont à Brezolles.

Il faut vivement se replier sur Tillières-sur-Avre, mais la route qui y conduit est déjà occupée par l'ennemi.

Le fermier s'offre de conduire le capitaine par des chemins détournés et servant de guide, il fait passer la compagnie à travers les bois de Brouillets.

Ne s'arrêtant pas à Tillières, les mobiles continuent leur marche et ne rejoignent leur bataillon à Verneuil qu'après minuit.

Le sergent Thomassu, qui s'était emparé du fusil et du shako du Wurtembergeois, les envoie comme souvenir à ses parents ; ils y rejoignent le sabre du cuirassier blanc qu'il avait fait prisonnier un mois auparavant.

Quant au revolver du cavalier, le jeune mobile le conserva pendant tout le reste de la campagne.

SERGENT HENRI THOMASSU

Rapport du capitaine Katsner

Des francs-tireurs de Lipowski

Chargé d'une mission ayant pour but de s'assurer des forces allemandes à Chartres.

Nogent-le-Rotrou, 25 octobre 1870, 8 heures du soir.

MON COLONEL,

J'ai l'honneur de vous rendre compte de la mission dont vous m'avez chargé le 23 courant.

Je devais, avec deux officiers par moi choisis, MM. Echasson, lieutenant de la 5e compagnie, et Cardon, sous-lieutenant à la 2e compagnie, pénétrer dans Chartres et examiner les positions qu'occupait l'ennemi.

Parti de Nogent le 24 à cinq heures du matin, j'arrivai par la voie ferrée à La Loupe à six heures.

J'en partis à onze heures pour Chartres avec une voiture réquisitionnée et muni de mon laissez-passer.

Je passai par la route de Digny, que je croyais libre.

Je rencontrai des gardes mobiles à Belhomert et arrivé au haut de la côte Mont-Joie, je fus arrêté par un poste de francs-tireurs de la Gironde qui m'empêcha de continuer ma route.

Ils étaient en vue des éclaireurs ennemis.

Je rebroussai chemin jusqu'à Belhomert et allai regagner la route de Courville.

J'atteignis cette ville à trois heures de l'après-midi ; elle avait été évacuée le matin par 2,500 Prussiens, cavalerie, infanterie et artillerie (sept pièces de 4).

Les cafés et bon nombre de maisons avaient été pillés par eux ; partout ils avaient imposé les plus lourdes réquisitions.

Parti à quatre heures de Courville, je rencontrai les premières vedettes ennemies à un kilomètre et demi du village de Lucé, qui est presque un faubourg de Chartres.

J'ai dû exhiber mon laissez-passer. Une des vedettes (elles étaient deux) le lut et me le rendit en me disant que j'étais libre de passer.

Je ne puis assez vous signaler, mon colonel, le calme et le sang-froid des deux officiers qui m'accompagnaient; nous voyagions sous les noms de Richard frères marchands de vin et leur domestique se rendant à Chartres pour affaires de commerce.

A cinquante pas des premières sentinelles s'en trouvaient deux autres et à vingt pas derrière elles, un poste de vingt hommes établi dans un champ, sur la droite, et à quelques pas de la route, adroitement masqué par une embuscade faite en planches et recouverte de paille, qu'à première vue on prenait pour un abri servant sur la route aux cantonniers.

Lucé était rempli de troupes de toutes armes;

à l'entrée de ce village se trouvait un poste dont les armes étaient formées en faisceaux devant la porte, plus loin, au centre, dans un espace laissé libre entre les maisons, j'ai vu à droite de la route une batterie de 8, et ses caissons à la gauche de cette route; dans un semblable emplacement se trouvaient les fourgons.

Plus loin encore, dans une maison à cheval sur deux routes, était établi un poste de trente hommes commandé par un officier, les armes formées en faisceaux devant l'habitation.

Je continuai ma route, à travers les lignes, et arrivai sur la place des Esparts; voyant devant l'hôtel du Grand-Monarque quatre sentinelles, dont deux cavaliers, et des officiers de tous grades devant la porte, supposant que c'était un quartier général et par conséquent pour nous une source de renseignements précieux, je fis arrêter la voiture et priai le lieutenant Echasson de s'enquérir auprès du maître de l'hôtel s'il y avait de la place pour nous recevoir.

Cet officier entra audacieusement au café, où il se trouva au milieu d'une vingtaine d'officiers prussiens qui jouaient au billard.

Il salua ces messieurs qui lui rendirent très poliment son salut; puis, sur la réponse de M. Ouin, maître d'hôtel, que des chambres étaient encore libres dans la maison, je fis entrer la voiture dans la cour, laquelle était encombrée de fourgons chargés d'effets d'équipement et de voitures appartenant aux officiers prussiens.

Après nous être assurés de nos chambres et

nous être informés du personnage qui s'y trouvait, nous apprîmes que c'était le général Von Vittig avec son état-major, celui-là même que nous avons combattu à Châteaudun.

Sortant de l'hôtel, M. le sous-lieutenant ... nous a conduit chez M. G..., patriote des plus dévoués, qui se mit spontanément à notre disposition pour nous donner tous les renseignements nécessaires et nous faire connaître toutes les positions qu'occupaient les Allemands.

En quittant M. G..., nous parcourûmes la ville, entrant dans les cafés et choisissant de préférence ceux où se trouvaient les officiers. C'est ainsi que nous vîmes bon nombre de ces messieurs et que nous pûmes apprécier la discipline rigide qui existe dans cette armée.

J'apportais toute mon attention à leur conversation, je n'appris rien qui pût m'éclairer sur le but de ma mission, car leurs discours roulaient sur des choses insignifiantes.

En parcourant la ville, je remarquai à chaque coin de rue deux sentinelles et à chaque route donnant accès à la ville des postes de douze à quinze hommes établis là sans doute pour relever les sentinelles placées dans la rue.

Dans les différents estaminets ou débits hantés par la troupe, et où nous entrâmes, je pus me rendre compte que l'accord était loin d'exister entre les Saxons et les Prussiens, lesquels faisaient bande à part.

D'après le rapport de plusieurs habitants, il résulte que les Saxons ne veulent pas loger avec les Prussiens, et que, journellement, ces derniers veulent exercer une suprématie sur les Saxons qui ne veulent pas leur reconnaître ce droit.

Nous entrâmes à l'hôtel à dix heures et demie. M. le sous-lieutenant Cardon, déguisé en palefrenier, que j'y avais laissé pour puiser des renseignements auprès des ordonnances des officiers, nous confirma de même que les soldats étaient fatigués de la guerre et demandaient à entrer dans Paris ou à retourner dans leurs foyers.

Au moment d'entrer à l'hôtel, une magnifique aurore boréale se leva; un officier supérieur l'apercevant s'écria devant nous et plusieurs bourgeois qui étaient sur la place : « *Si seulement cette aurore pouvait être le signal de la paix.* »

Nous soupâmes, M. le lieutenant Echasson et moi, avec deux officiers prussiens d'état-major, dont l'un venait de placer les avant-postes autour de la ville.

Leur conversation roula sur le combat d'Orléans, où ils n'avaient pas éprouvé de résistance, disaient-ils; sur celui de Châteauneuf et sur Paris.

A propos de Châteaudun l'un dit :

« *Le combat fut affreux, on nous fusilla dans les rues jusqu'à onze heures du soir, et nous pensions sérieusement que nous avions affaire à 10,000 hommes.* »

Ce qui les confirmait dans cette supposition, d'après lui, c'était la différence entre le sifflement des balles des chassepots et des fusils à piston, qui leur faisait supposer qu'il y avait là différents corps de troupe.

Enfin il raconta que le fort d'Issy les avait canonnés et leur avait fait beaucoup de mal.

Nous nous couchâmes à onze heures et à deux heures du matin, je fus éveillé par un bruit de voitures d'artillerie et de mouvement de troupes.

Les Prussiens, croyant à une attaque nocturne, eurent une panique et firent sortir de la ville artillerie et infanterie.

A quatre heures, 2,000 hommes, infanterie et cavalerie, avec 18 pièces de canon prirent la route de Dreux; 300 hommes et 6 autres pièces firent un mouvement sur Courville et rentrèrent à dix heures.

Les mouvements de la veille sur Courville et Digny paraissent avoir eu pour but de cacher celui qu'ils faisaient sur Châteauneuf et ce dernier semblait devoir cacher celui sur Dreux.

A huit heures du matin, M. G... nous mena dans toute la ville; au haut du faubourg de Cachenbachk, il y avait comme partout des avant-postes, mais point d'artillerie.

Tous les faubourgs étaient encombrés de troupes ennemies, 42 pièces d'artillerie étaient rangées sur les boulevards.

Les Prussiens font tous les jours des mouvements de va-et-vient afin de faire croire qu'ils sont plus nombreux qu'ils ne le sont réellement.

D'après toutes les informations prises, ils étaient encore à Chartres hier 25, au nombre de

15,000 hommes environ, avec 42 pièces de canon.

L'ennemi a déjà fait des réquisitions en nature pour la valeur d'un million, et si l'armée de la Loire n'y met pas un frein, le pays chartrain étant très riche, pourra approvisionner sa cavalerie pour tout l'hiver.

Le prince Albert est à la préfecture gardé par une compagnie.

Les officiers ont annoncé à leurs hommes à l'appel que le maréchal Bazaine avait capitulé mardi 18 courant. Enfin le 25, le colonel qui est logé chez M. ... affirmait qu'un armistice de six semaines avait été signé afin de laisser à la France le temps de se constituer un gouvernement.

Si tous ces bruits sont faux, ils sont une preuve de plus de l'affaiblissement moral qui existe dans l'armée ennemie et qui oblige ses chefs à avoir recours à de pareils subterfuges pour relever le courage de leurs troupes.

A dix heures, j'envoyai le lieutenant Echasson à la mairie chercher un laissez-passer; le commandant de place prussien, colonel Von-Vogel, commandant le 16e hussards bleus, auquel nous avons démonté le 5e escadron à Ablis, le signa sans difficulté.

Pendant que nous déjeunions, on amena au général Von-Vitty quatre gardes nationaux pris les armes à la main; il les fit immédiatement passer par les armes.

Ne voyant plus la possibilité d'avoir des renseignements plus étendus, je partis de Chartres à midi, au moment où une partie de l'infanterie allait à la manœuvre.

Nous fûmes arrêtés deux fois par des sentinelles ennemies qui nous demandèrent nos laissez-passer.

Arrivé à Courville à deux heures moins un quart, j'en repartis à deux heures; je fus arrêté entre Pontgouin et La Loupe par un commandant de corps franc Lafont-Mocquart, qui voyageait avec vingt hommes et qui crut un instant devoir nous arrêter parce que nous n'étions pas porteurs de nos commissions d'officiers, qui, disait-il, ne devaient jamais nous quitter.

J'entrai à La Loupe sans rencontrer un seul factionnaire, quoique la ville fût occupée par des gardes mobiles et des fusiliers de la marine.

Je fus très surpris de ce manque de précaution devant une armée victorieuse qui se garde si bien, et, chose plus singulière, je trouvai, après avoir dépassé La Loupe, c'est-à-dire sur les derrières de nos troupes, une grand'garde qui était placée au côté opposé où elle aurait dû être.

Je m'arrêtai au hameau de La Forêt pour y faire donner la provende à mon cheval, et à six heures et demie je rentrai à Nogent.

En terminant le compte rendu de ma mission, j'ai l'honneur, mon colonel, de vous recommander tout spécialement M. le lieutenant Echasson et M. le sous-lieutenant Cardon, dont le courage, l'intelligence et la bravoure m'ont été d'un concours très grand pour la réussite de la mission dont vous m'avez chargé.

J'ai l'honneur, mon Colonel, d'être avec respect votre tout dévoué subordonné.

Signé : KATSNER.

Lignes de défense du Perche.

La ligne du Perche se trouvait fortement occupée, l'ennemi ne paraissait pas disposé à l'attaquer et toutes les reconnaissances qui nous approchaient étaient vigoureusement repoussées et souvent surprises par les corps d'éclaireurs que les commandants de brigades avaient organisés dans les bataillons des mobiles, par les francs-tireurs et la cavalerie.

Les mobiles du 4e bataillon de l'Orne, conduits par les capitaines de Boynes, Mauger, des Plas, et l'adjudant Plessis, à Courville, à Saint-Luperce, dans les bois de Montécot et à Landelles; ceux du 1er bataillon et les francs-tireurs de Clermont-Ferrand, à Chuisnes; ceux du 2e et les francs-tireurs de Tours à Illiers; ceux du 1er bataillon de la Manche conduits par le lieutenant Doynel; les escadrons du 6e mixte, l'un commandé par le capitaine de Curcival, en avant de la Loupe, et surtout celui sous les ordres du capitaine Rozier, autour d'Illiers, se distinguèrent tout particulièrement.

Le commandant de la Ferronnays se portait de sa personne au château de la Rivière, près Pontgouin, avec le 4e bataillon de l'Orne, avançant la ligne de défense jusqu'à Billancelles et Landelles.

Le colonel des Moutis, de Montigny, s'avançait jusque dans Illiers, où il s'établissait solidement.

Malheureusement, lorsque vers le 10 ou 11 novembre, le général Fiéreck prit le commandement direct des brigades Pâris et Sautereau, et se dirigea avec elles vers Châteaudun pour se joindre à l'armée de la Loire, placée sous les ordres du général d'Aurelles de Paladines, il prescrivit au colonel Rousseau de les renforcer de la brigade Tartrat, des trois escadrons de cavalerie et de la batterie d'artillerie restée encore dans la brigade de la Ferronnays.

Le colonel Rousseau se vit alors obligé, pour remplir le vide que le départ de la 2e brigade laissait dans la ligne de défense entre la première et la troisième, d'étendre ces dernières pour qu'en se joignant elles occupassent les points intermédiaires.

Lui-même, le 15 novembre, reçut l'ordre de s'établir avec son état-major à Champrond-en-Gâtine, position qui, si elle rapprochait de la 1re brigade, l'éloignait des deux autres et avait l'énorme inconvénient de n'être ni une station télégraphique, ni de chemin de fer, ce qui rendait les communications plus lentes et plus difficiles qu'à Nogent et l'obligea à apporter de nouveaux changements dans les dispositions de ses troupes.

Il supprima la brigade du colonel des Mares, qu'il appela au commandement de la place de Nogent, où il était indispensable d'avoir un officier capable de recevoir et de diriger sur leurs destinations les renforts, de veiller à l'expédition des munitions, des arrivages en effets de campement et d'habillement.

Le commandant des Roys, chef d'escadron du

6e mixte, avait rempli ces fonctions, mais il était parti avec les escadrons de son régiment.

Le 3e bataillon des mobiles de la Manche reçut l'ordre de venir occuper Saint-Denis-des-Puits et les deux autres entrèrent dans la composition de la brigade des Moutis.

La colonne mobile dirigée sur Châteaudun couvrait ce côté et le colonel Rousseau n'avait plus à tenir tête qu'aux troupes opérant dans le rayon de Chartres.

Le 5e bataillon de mobiles de la Sarthe, commandant Safflet, fut envoyé de Nogent au Thieulin et le 4e bataillon du Calvados vint à Champrond.

Le point d'action de ces troupes se trouvant trop éloigné de ceux occupés par les commandants de la Ferronnays et des Moutis, le colonel les mit sous les ordres du commandant de Montaigu, du 1er bataillon des mobiles de l'Orne.

Les brigades se trouvaient ainsi composées :

1re brigade, commandant de la Ferronnays, au château de la Rivière, près Pontgouin, opérant de Digny à la tête des bois de Champrond.

4e Bataillon des mobiles de l'Orne. . .	3.300 hommes.
4e Bataillon des mobiles du Morbihan.	
8e Bataillon des chasseurs à pied. . . .	
Francs-tireurs de l'Hérault.	
4 petits obusiers de montagne.	

2me brigade, commandant de Montaigu, à Friaize, opérant de la tête des bois de Champrond-en-Gâtine à Villebon.

1er bataillon des mobiles de l'Orne, 5e bataillon des mobiles de la Sarthe, 4e bataillon des mobiles du Calvados, 3e bataillon des mobiles de la Manche, 2 pièces de 12 rayées de la 2me batterie d'artillerie mobile d'Ille-et-Vilaine, 2 petits obusiers de montagne,	4.030 hommes.

3me brigade, sous le commandement du colonel des Moutis, à Illiers, opérant des Châteliers à Vieux-Vieq.

2e et 3e bataillons des mobiles de l'Orne, 2e bataillon des mobiles de la Loire-Inférieure, 1er et 2e bataillons des mobiles de la Manche, 6e et 7e compagnies des Bouches-du-Rhône, 2 pièces de 12 rayées de la 2e batterie d'artillerie mobile d'Ille-et-Vilaine,	6.030 hommes.

RÉSUMÉ

	Infanterie	Artillerie.
1re brigade.	3.300	4 obusiers de montagne.
2me brigade.	4.030	2 obusiers de montagne. 2 pièces de 12 rayées.
3me brigade.	6.030	2 pièces de 12 rayées.
Ensemble.	13.360	10 pièces d'artillerie.

RAPPORT

Sur les derniers combats de la défense du Perche du 17 au 21 novembre 1870.

17 novembre.

Le 17 novembre, l'ennemi, qui s'était avancé de Courville sur Landelles, avait attaqué la brigade de la Ferronnays, composée de deux bataillons de mobiles et du 2e bataillon de chasseurs à pied, qui tenaient avec les francs-tireurs de l'Hérault tout le pays entre Digny, la forêt de Montécot et Landelles.

Cette attaque, appuyée par huit pièces de canon, n'avait fait perdre à la brigade de la Ferronnays que le terrain occupé par les avant-postes.

Deux compagnies embusquées dans le parc de Landelles parvinrent à éteindre le feu de l'artillerie en tuant les canonniers.

Sur l'avis de cet engagement, je m'étais porté avec quatre compagnies du 4e bataillon du Calvados et le 1er bataillon de l'Orne sur Chuisnes; mais la nuit commençant à venir, le combat avait cessé, je dus faire battre en retraite pour éviter que les hommes ne se tirassent les uns sur les autres.

18 novembre.

Le lendemain 18 novembre, croyant à nouvelle attaque de Courville (les Prussiens avaient occupé cette ville), j'avais fait avancer sur Friaize tout ce que j'avais de troupes disponibles.

Arrivé sur la ligne des hauteurs de Faucilly, je vis de nombreux cavaliers parcourant la plaine; j'envoyai quelques tirailleurs contre eux, appuyés par une petite colonne sous les ordres du commandant de Montaigu et me disposais à pousser une nouvelle reconnaissance sur Courville, lorsqu'au moment de partir, je fus arrêté par une violente canonnade en arrière de moi, et sur ma droite vers Nonvilliers; je crus ma ligne percée en ce point que je savais faible, et me repliai sur Champrond pour porter secours.

J'appris en revenant que l'attaque était dirigée contre Illiers. La brigade des Moutis s'y était barricadée et recevait bravement le feu sans pouvoir y riposter faute d'artillerie. Cinq maisons de la ville furent brûlées, une grande partie des toits effondrés, les pertes furent quatre hommes tués et six blessés.

19 novembre.

L'ennemi se retira le soir comme d'habitude, mais on m'apprit qu'il était arrivé environ 60,000 hommes autour de Chartres.

Habitué aux exagérations des renseignements qui m'étaient donnés, j'espérais que cette fois encore, je pourrais faire face à l'orage; mais dans la nuit du 19 au 20 novembre, le commandant de la Ferronnays m'avertit que l'ennemi s'était présenté en force à Châteauneuf; qu'il avait percé la position, battu le colonel Marty à Jaudrais, que la position de Senonches et la forêt avaient été abandonnées par celui-ci malgré les renforts que je lui avais fait passer : un bataillon du 36e et une section de deux pièces de 12 rayées de la 2e batterie d'artillerie mobile d'Ille-et-Vilaine [1].

Toutes les positions de Landelles à La Loupe se trouvant tournées par la forêt de Senonches, le commandant de la Ferronnays se repliait en conséquence sur les barricades préparées à la Madeleine-Bouvet, à Bretoncelles et à La Fourche, où il plaçait deux compagnies du 8e chasseurs à pied en même temps qu'il faisait occuper Saint-Victor-de-Buthon.

Je donnai l'ordre au commandant de Montaigu, qui occupait Friaize, d'occuper Montireau ; j'évacuai Le Thieulin et je fis revenir le 3e bataillon de la Manche derrière le bois de Gâtine, avec avant-poste à Saint-Denis-des-Puits, et les francs-tireurs de la Dordogne à la droite pour le relier avec le bataillon de la Loire-Inférieure aux Châtelliers et à Nonvilliers.

Le bataillon du Calvados gardait Champrond, s'appuyant sur le 5e bataillon de la Sarthe à Montlandon.

Dans la journée du 19, je reçus une dépêche du général Fiéreck, m'apprenant qu'il passerait dans la journée à Nogent, quittant Châteaudun pour se rendre au Mans; menacé à chaque instant d'une attaque sérieuse, je ne pouvais songer

1. *La 3e section de deux pièces de 12 de la 2e batterie d'artillerie mobile d'Ille-et-Vilaine, commandée par le lieutenant en second Hardy.*

à quitter Champrond, mais j'envoyai le commandant du May, qui, près de moi, remplissait les fonctions de chef d'état-major et qui connaissait bien la situation, prendre les ordres du général Fiéreck.

Celui-ci, pressentant que le commandement des troupes allait passer dans d'autres mains que les siennes, et venant d'apprendre la retraite du colonel Marty, me donna la direction générale de toutes les troupes sous ses ordres, depuis la limite de l'Eure et de l'Orne jusqu'à celle d'Eure-et-Loir.

C'était une très lourde tâche donnée trop tard pour que je puisse la remplir d'une façon efficace.

Les dernières instructions du général Fiéreck au commandant du May furent de me recommander de resserrer ma ligne de défense, de l'approcher de celle de l'Orne en abandonnant Illiers.

20 novembre.

D'après son ordre, le 20, je portai mon quartier général à Condé, afin d'être à la portée des troupes du colonel Marty, dont la direction venait de m'être confiée. Je passai la nuit du 20 au 21 à Remalard avec cet officier pour organiser la ligne de défense de Longny; je revins à sept heures du matin à Condé.

Un prisonnier fait la veille m'apprit qu'il y avait à La Loupe quatre régiments d'infanterie, deux de cavalerie et plusieurs batteries d'artillerie : les renseignements du commandant de la Ferronnays étaient exacts, il avait des forces considérables devant lui; je me hâtai de lui envoyer un bataillon d'infanterie de marine arrivé le matin et deux petits obusiers de montagne servis par la garde mobile de Maine-et-Loire.

Les nouvelles de mon centre étaient mauvaises, le 3e bataillon de la Manche avait été surpris et attaqué vers deux heures par l'infanterie et la cavalerie et, après un combat assez vif, avait été obligé de se retirer : le commandant de Vains avait eu son cheval tué et avait perdu plusieurs hommes.

Ma ligne percée, je compris que j'allais être attaqué sur mon centre et sur mes ailes.

Le commandant de Montaigu, que j'avais chargé du centre, s'était déjà replié sur la position de La Fourche. Je télégraphiai au colonel des Moutis de se replier sur Thiron et d'envoyer un bataillon occuper la position de Frétigny sur la route de Thiron à la Hurie.

Le colonel, qui la veille avait reçu de Nogent les instructions du commandant du May et avait eu avis de la défaite du 3e bataillon de la Manche, était déjà en marche pour Thiron, en sorte que toutes les troupes étaient placées à temps pour recevoir le choc.

Combats du 21 novembre 1870.

21 novembre.

Je fus attaqué vers onze heures du matin, à la fois à La Madeleine-Bouvet, à Bretoncelles, à La Fourche et à Thiron-Gardais, ainsi que je l'avais prévu.

Ma position de Condé était très incommode pour diriger ces trois actions.

Le Commandant de la Ferronnays avait :

2 Bataillons de Mobiles ;
1 Bataillon de chasseurs à pied ;
1 Bataillon d'Infanterie de marine ;
Les Francs-tireurs de l'Hérault ;
4 petits obusiers de montagne.

Le Commandant de Montaigu, à La Fourche, avait :

4 Bataillons de Mobiles ;
2 pièces de 12 de l'Artillerie d'Ille-et-Vilaine[1] ;
2 petits obusiers de montagne ;
1 Bataillon à Frétigny pour couvrir sa droite (3e Mobile de l'Orne), *commandant Boudonnet, qui ne prit pas part au combat ainsi que deux des bataillons de mobiles.*

1. La première section de la 2e Batterie d'artillerie d'Ille-et-Vilaine, commandée par le lieutenant en 1er Marçais.

Le Colonel des Moutis, à Thiron-Gardais, avait :

2 Bataillons de Mobiles ;

2 pièces de 12 de l'Artillerie mobile d'Ille-et-Vilaine [1] ;

1er et 2e Bataillons de la Manche, *qui ne prirent pas part au combat par suite de faux mouvement :*

L'ennemi se présenta devant Bretoncelles avec 18 pièces de canon auxquelles nos 4 petits obusiers répondirent bravement, et grâce à la force des positions j'espérais pouvoir tenir.

Le combat marchait assez bien, lorsque vers les deux heures et demie, les troupes du commandant de la Ferronnays, se voyant débordées, commencèrent à se retirer ; quelques hommes isolés d'abord, puis les compagnies entières, officiers en tête ; impossible d'obtenir d'eux d'autre réponse que celle-ci : *« on bat en retraite. »*

Je me portai avec mes officiers au-devant des troupes et grâce à leur concours, et aussi à la menace du revolver, nous parvînmes à ramener les hommes à l'ennemi ; je les fis déployer en tirailleurs derrière les haies ; je croyais pouvoir rétablir le combat, mais dès qu'ils eurent vu l'infanterie ennemie déboucher des bois comme une fourmillière, les lignes de tirailleurs se retirèrent après l'avoir saluée d'une cinquantaine de coups de fusil et dès lors je dus renoncer à l'espoir de les retenir.

1. *La 2e section de la 2e batterie d'Ille-et-Vilaine, commandée par le capitaine Clocheret.*

Je revins à Condé et j'y fus rejoint par le commandant de la Ferronnays, qui arrivait le dernier.

J'ordonnai alors la retraite par la droite du chemin de fer pour gagner les hauteurs et les bois et rentrer à Nogent.

Cette retraite se fit en bon ordre, nous ramenions l'artillerie et les bagages, rien ne resta en arrière.

Elle fut couverte par trois compagnies du 4e bataillon de l'Orne, commandées par le capitaine de la Léverie, qui rejoignit son bataillon par Verrières et Nocé.

Le bataillon d'infanterie de marine suivit la ligne du chemin de fer.

Il y a du reste dans cette journée un fait assez curieux, c'est que les hommes se sont retirés volontairement du combat sans être poursuivis vivement par l'ennemi et qu'aucune force humaine n'aurait pu les retenir.

Les officiers paraissaient obéir à la même impulsion et c'est à grand peine qu'on obtenait leur action sur les hommes.

Arrivés sur les hauteurs qui dominent Condé, les troupes se reformèrent et nous pûmes de là être témoins de « *la belle défense de La Fourche,* » sur l'autre versant de la vallée de l'Huisne.

Le commandant de Montaigu, attaqué aussi par des forces considérables à La Fourche, appuyées par 18 pièces de canon, répondait avec les 2 pièces de 12 d'Ille-et-Vilaine[1] et ses 2 obusiers de montagne; mais, vers quatre heures du soir, l'ennemi commençait à le tourner par la gauche; deux compagnies rangées en bataille le long de la route le recevaient par un feu nourri, exécuté avec beaucoup de sang-froid, et l'empêchaient d'avancer.

Il était évident que la position n'était plus tenable, je me portai immédiatement à Nogent pour organiser la retraite.

Le commandant de Montaigu profita de la nuit tombante pour évacuer La Fourche; il n'y laissa ni une pièce, ni une voiture; il avait une vingtaine de morts, dont le capitaine Lefebvre, du 1er bataillon des Mobiles de l'Orne, 3 officiers et 52 hommes blessés qui furent laissés aux soins de l'ambulance du 1er bataillon de l'Orne, dirigée par le docteur Libert, et se retira sur Nogent.

Cette retraite fut protégée par un bataillon de la mobile d'Ille-et-Vilaine, commandant Sisom, arrivé le matin, et que j'envoyai pour la couvrir à quatre kilomètres de Nogent, où il s'établit solidement et passa la nuit.

La position de Thiron avait été attaquée par deux pièces de canon seulement, le colonel des Moutis avait deux pièces de 12 d'Ille-et-Vilaine[2], qui parvinrent à démonter l'une des deux pièces

1. La 1re section de la 2e batterie d'Ille-et-Vilaine, commandée par le lieutenant en 1er Marçais.

2. La 2e section de deux pièces de 12 d'Ille-et-Vilaine, commandée par le capitaine Clocheret.

ennemies, en sorte que le combat se maintint pour lui dans des conditions fort avantageuses, il tua beaucoup de cuirassiers; mais, vers la fin de la journée, l'ennemi parvint à le tourner par sa gauche et il dut abandonner la position de Thiron-Gardais et descendre vers Authon en me faisant donner avis de sa nouvelle position.

En présence d'une attaque aussi formidable, il n'y avait pas un instant à perdre si je voulais sauver ma petite armée.

J'envoyai le commandant du May, qui, des hauteurs au-dessus de Condé, s'était porté à la fin du combat de Bretoncelles, à La Fourche, en traversant l'Huisne et la vallée à travers champs, arrêter les troupes qui, sans ordres, s'engageaient sur la route de la Ferté-Bernard.

Je fis occuper les routes de Thiron-Gardais et de Beaumont par de forts détachements et, me conformant à l'ordre qui m'était donné de concentrer toutes mes forces en avant de Mortagne, je fis partir les bagages pour Bellême et, pour éviter toute confusion, je donnai à chaque corps l'ordre de prendre cette route en les échelonnant de demi-heure en demi-heure, de manière à ce que les dernières troupes eussent évacué la ville vers trois ou quatre heures du matin au plus tard.

J'avais fait occuper fortement la gare pour protéger l'arrivée du général en chef Jaurès, qui fut obligé de s'arrêter à La Ferté-Bernard par la faute de l'administration du chemin de fer qui, sans me prévenir, avait déjà coupé la voie à 1,800 mètres au-dessous de Nogent.

Dans leur précipitation à partir et à enlever leur matériel, les agents de la Compagnie de l'Ouest laissèrent en gare 10,000 rations de lard et de biscuit dont une distribution fut faite aux troupes à leur passage, et chargées sur les voitures que l'on put trouver, mais il fut impossible de tout enlever.

J'envoyai immédiatement au colonel des Moutis l'ordre de rallier sur Bellême en passant par Nogent, et je fus assez heureux que ce mouvement s'accomplît sans encombre; on verra par la traduction des ordres de l'armée allemande ci-jointe, si j'avais été bien inspiré; nous étions certainement tous enlevés sans cette marche sur Bellême.

22 novembre.

A six heures et demie du matin du 22 novembre, tout le monde avait traversé Nogent, et le commandant du May, que j'avais laissé pour diriger cette opération, quittait cette ville avec l'arrière-garde composée des mobiles d'Ille-et-Vilaine, qui pendant ce mouvement étaient restés sur la route de La Loupe.

Les troupes étaient très fatiguées par le combat et les marches de la journée; mais grâce à la sollicitude du maire de Nogent, M. Doullay [1], qui

1. Note du colonel Rousseau : *Le maire de Nogent-le-Rotrou, M. Doullay, dont j'aurai plus d'une fois à signaler le patrio-*

nous a toujours prêté le concours le plus empressé, tout le monde avait du pain et nous n'avons eu à déplorer dans cette retraite qu'un peu de désordre résultant des traînards qui suivaient la colonne en boitant.

Sur les hauteurs qui dominent Nogent on voyait les feux de l'armée prussienne.

En résumé tout le monde avait rejoint à Bellême, sauf trois compagnies du 1er bataillon de l'Orne et autant du 4e Calvados, égarées à La Ferté-Bernard [1] et je remettais au général en chef mes troupes à peu près intactes, mais bien fatiguées.

J'estimais que nous avons eu affaire à 45,000 hommes environ appuyés par trente-huit pièces de canon.

La traduction des ordres tirés du registre des ordres du grand-duc de Mecklembourg, pris à Berfay par la cavalerie de la 1re division du 21e corps, le 29 novembre, jette un grand jour sur notre situation.

Le commandant de la Ferronnays a lutté contre deux divisions.

Le colonel des Moutis et le commandant de Montaigu ont eu sur les bras le corps d'armée bavarois, ce qui suppose au moins 30,000 hommes, auxquels nous avons tenu tête pendant toute une

tisme et l'énergie, restait en permanence à la mairie avec MM. Dugué et Desmurs, ses adjoints, pour prendre, le cas échéant, des mesures et à veiller à la sécurité de ses concitoyens.

1. *Ces mobiles eurent dans la soirée du 22 une légère escarmouche avec les cavaliers allemands de la 6e division bavaroise.*

journée avec 11,000 hommes au plus, les quatre pièces de 12 servies par les artilleurs mobiles d'Ille-et-Vilaine et six obusiers de montagne; l'ennemi avait mis 38 pièces de canon en action.

Les troupes allemandes sont descendues jusqu'à Mondoubleau et Saint-Calais et paraissent appartenir à l'armée de Metz; les prisonniers blessés, trouvés à Mondoubleau, faisaient tous partie de cette armée.

Nos pertes, dont je n'ai pu avoir un état exact, sont minimes : 2 officiers tués [1], 5 à 6 blessés; 30 hommes tués et 180 blessés au plus dans les trois combats.

Les pertes de l'ennemi ont dû être plus considérables, car notre artillerie plongeait sur lui, la circonspection de la marche du jour et du lendemain le prouve du reste.

Signé : ROUSSEAU.

22 novembre.

Le 22 novembre, à une heure, le général Jaurès venait à Bellême prendre le commandement de l'armée qui s'était cantonnée dans la ville et dans les villages environnants.

Le 4ᵉ bataillon de l'Orne, de Condé s'était directement retiré sur Bellême, par Verrières et Nocé, et avait continué jusqu'à Pervenchères.

1. Note. — *Le lieutenant Dufour de la Tuillerie, du 4ᵉ bataillon de l'Orne, compris comme tué, a survécu à sa blessure, mais est resté infirme.*

Vers quatre heures, l'avant-garde du 17e corps d'infanterie allemande, qui la veille avait reçu l'ordre d'occuper Bellême, se heurtait sur la route de Remalard, à la hauteur des Favernes, contre le bataillon d'infanterie de marine, en grand'-garde sur ce point.

Les 1er et 2e bataillons de la Manche, cantonnés des deux côtés de cette route, au dire de leur commandant, étaient trop fatigués pour pouvoir prendre l'offensive; l'ennemi avait de l'artillerie et envoyait sur nous des obus.

Le général, voyant l'état de fatigue dans lequel se trouvaient les troupes et craignant d'avoir devant lui toutes les forces qui successivement avaient obligé à se replier à Verneuil les troupes du général Malherbe; à Senonches, celles du colonel Marty; à Bretoncelles, à La Fourche et à Thiron-Gardais, celles du colonel Rousséau, ordonna la retraite sur Mamers.

Le 1er bataillon des Volontaires de l'Ouest *(Zouaves Pontificaux)* qui arrivait à ce moment, venant de faire une marche de 40 kilomètres, fut chargé de protéger cette retraite.

L'ennemi s'était arrêté à quelques centaines de mètres d'eux et pénétra dans Bellême, aussitôt qu'ils l'eurent évacué, vers sept ou huit heures du soir.

L'armée vint coucher à Mamers.

23 novembre.

Des ordres furent donnés pour qu'elle se remit en marche le lendemain matin 23, à sept heures, pour venir prendre le chemin de fer de Caen au Mans, à la station de la Hutte, afin de se concentrer au Mans; mais dès cinq heures, une partie des mobiles se mettaient sur pied et par groupes se dirigeaient sur Alençon, au lieu d'attendre l'ordre de départ pour prendre la route de la Hutte.

Des mesures furent immédiatement prises afin d'empêcher ce désordre, mais environ 1,500 débandés, beaucoup appartenant au 3e bataillon de l'Orne, avaient réussi à tromper la surveillance et continuaient leur route sur Alençon où leur arrivée causa une véritable panique.

Le commandant du May reçut l'ordre d'aller les réunir et de les ramener à leur poste.

Il prit la même route qu'eux, les devança, et à l'aide de la gendarmerie, les rassembla à Alençon au fur et à mesure qu'ils arrivaient.

A une heure, il les embarquait dans un train spécial, les dirigeait sur le Mans et rejoignait le colonel Rousseau à la Hutte, qui aidé du capitaine Faliès avait conduit les troupes de Mamers à la Hutte, en les maintenant en bon ordre, ce qui était d'autant plus indispensable que, entre sept et huit heures du soir, on apercevait sur la hauteur qui domine Mamers du côté de la route de Bellême, la colonne prussienne qui se déployait à gauche et à droite de cette route.

Le colonel faisait partir des gares de la Hutte et de Beaumont-Vivoin au fur et à mesure que les trains lui arrivaient, les bataillons venus de Mamers.

Cette opération ne s'accomplit pas sans difficulté, tous les hommes voulaient monter à la fois sans se préoccuper de leurs compagnies. Ils grimpaient sur le haut des voitures, s'accrochaient aux marchepieds et il fallut déployer beaucoup d'énergie pour que l'embarquement se fit avec ordre.

24 novembre.

Le dernier train dans lequel monta le colonel Rousseau avec son état-major et qui transportait les Volontaires de l'Ouest, ne partit qu'à trois heures du matin, le 24 novembre pour arriver au Mans à cinq heures.

Pendant ce temps, le commandant de la Ferronnays avec le 4e bataillon de l'Orne, partait de Pervenchères, traversait la forêt de Perseigne, le chemin de fer à Bourg-le-Roy, s'arrêtait à Oisseau et faisait prendre le 23 au soir des ordres à la Hutte.

Il lui fut répondu par dépêche télégraphique de venir prendre le chemin de fer à Beaumont-Vivoin le lendemain 24, si la voie était libre; si au contraire l'ennemi l'interceptait, de se rendre à Sillé-le-Guillaume, sur la ligne de Paris à Brest, où un train lui serait envoyé.

Le commandant de la Ferronnays, n'étant pas en situation de se renseigner sûrement sur la position de l'ennemi, préféra exécuter ce dernier ordre.

Mai 1871.

Certifié conforme :

Signé : L. DU MAY.

TRADUCTION DES ORDRES DE L'ARMÉE ALLEMANDE[1].

SOUS LES ORDRES DU

Grand-Duc de Mecklembourg.

Extrait d'un registre d'ordre tombé entre les mains du général Rousseau, postérieur aux opérations indiquées et que celui-ci avait prévues en partie, si on en juge par les dispositions de combat.

Ce registre fut pris par la cavalerie de la 1re division du 21e corps, à Berfay, le 29 novembre 1870.

ORDRE DU JOUR DU 19 NOVEMBRE 1870

Les nouvelles arrivées aujourd'hui me confirment dans l'idée que les troupes placées devant nous, tant en troupes de ligne que mobiles, appartiennent à l'armée de l'Ouest.

Le mouvement en arrière opéré par elles après le combat qu'elles ont soutenu hier contre la 22e division fait supposer que Le Mans est le quartier général de cette armée.

S. A. R. le grand-duc, étant décidé à continuer la marche en avant, donne les ordres suivants :

La 5e division de cavalerie conservera les cantonnements qu'elle a occupés jusqu'à présent; mais elle détachera un régiment de cavalerie sur

1. *Pièce historique dont le registre original est classé dans les archives au ministère de la guerre.*

Verneuil pour éclairer le pays dans la direction de l'Ouest et du Nord.

La 17e division d'infanterie marchera sur Senonches et établira ses cantonnements dans ce pays.

Départ à sept heures du matin.

La 22e division d'infanterie ira à Digny et à La Loupe et établira ses cantonnements dans ce pays; un régiment de cavalerie de la 6e division s'y portera aussi.

Le corps d'armée bavarois partira à huit heures et établira ses cantonnements avec une division à Arzelles, une autre à Favières.

L'ordre concernant l'occupation de ces cantonnements sera réglé par le mouvement en avant de la 22e division.

Les trains et bagages resteront en arrière à Châteauneuf.

La 6e division de cavalerie sera soutenue par un régiment d'infanterie bavaroise et par une batterie d'infanterie.

Ces forces se concentreront à huit heures à Rourray.

La division avec ses détachements partira de Rourray et gagnera Courville, les Corvées-les-Yis, et poussera ses reconnaissances sur Nogent-le-Rotrou.

La 4e division de cavalerie restera provisoirement dans ses cantonnements, mais aura soin de serrer de près l'ennemi et observera ses mouvements.

S. A. R. le grand-duc se rendra à neuf heures à

Digny, le quartier général y sera établi, un bataillon du corps bavarois occupera cette localité.

ORDRE DU JOUR DU 20 NOVEMBRE

S. A. R. le grand-duc de Mecklembourg, aux troupes placées sous ses ordres :

L'ennemi n'a opposé aucune résistance sérieuse, même les détachements qui venaient hier de la Loire dans la direction de Chartres.

Il est dans les intentions de S. A. R. de continuer l'attaque dans la direction de l'Ouest.

La 17e division d'infanterie ira de Senonches à la Madeleine-Bouvet, son état-major sera établi dans cette localité.

La 22e division ira par Bretoncelles à Condeau, son quartier général y sera établi.

Le 1er corps d'armée bavarois marchera en deux colonnes ; l'une sur Champrond, Montlandon, la Hurie et se placera sur la route de Nogent-le-Rotrou et de La Loupe faisant front sur la ligne de Condé-sur-Huisne et de Coudreceau, l'autre par Combres sur Thiron-Gardais et enverra son avant-garde dans la direction de Nogent.

La 6e division de cavalerie marchera par Happonvilliers et Chassant sur la Croix-du-Perche et se placera sur la route de Nogent-le-Rotrou à Brou ; un de ses bataillons sera détaché sur Illiers.

La 4e division de cavalerie ira dans la direction d'Illiers et les environs et détachera autant que possible des éclaireurs sur Brou.

Cette division gardera la route de Chartres à Versailles et éclairera vers le Sud.

La 5e division de cavalerie gardera Evreux et observera le chemin de fer de ce côté, elle l'occupera éventuellement.

Tous les corps de réserve se mettront en marche à sept heures du matin.

S. A. R. se portera à huit heures du matin sur La Loupe qui doit être occupé par le 7e bataillon bavarois.

ORDRE DU JOUR DU 21 NOVEMBRE

L'ennemi qui s'était opposé à la marche d'aujourd'hui a été rejeté de partout et s'est retiré dans la direction de Nogent-le-Rotrou.

Les renseignements venus de différents côtés s'accordent à dire qu'on a fait des retranchements près de Nogent. Il faut donc admettre que l'ennemi est décidé à une résistance sérieuse.

S. A. R. a l'intention de l'attaquer et décide en conséquence :

La 17e division d'infanterie s'avancera... (mot laissé en blanc) et enverra son avant-garde dans la direction de Bellême et attendra des ordres ultérieurs.

La 22e division d'infanterie se placera sur la rivière (l'Huisne probablement) en face de Nogent-le-Rotrou, s'avancera sur cette ville et l'attaquera par l'Ouest.

Le 1er corps bavarois s'avancera sur cette ville et l'attaquera par l'Est.

La 6e division de cavalerie se placera sur la route de Nogent à Brou et enverra un détachement sur la route de Nogent à La Ferté-Bernard pour empêcher la jonction de l'ennemi.

Le général de Schmitt indiquera la direction que devront prendre les détachements.

La 4e division de cavalerie gardera la route de Chartres à Versailles, occupera Bonneval et cherchera à opérer sa jonction avec la 2e division de cavalerie près Toury.

Le départ des troupes doit être combiné de manière à commencer l'attaque avec ensemble et entrer à Nogent-le-Rotrou à midi.

A la même heure, la 17e division d'infanterie et la 6e division de cavalerie devront occuper les emplacements qui leur ont été indiqués.

Les trains et bagages resteront en arrière.

S. A. R. le Grand-Duc se trouvera à onze heures à la jonction de la route de Nogent à La Loupe et de Nogent à Courville *(hameau de La Fourche)*.

Signé : A. R. Grand-duc DE MECKLEMBOURG.

Allocution du général Rousseau

Aux soldats de sa division, lors du licenciement de la 2e Armée de la Loire.

Général Rousseau aux officiers, sous-officiers et soldats de la 1re division du 21e corps.

Au moment de quitter la division, le général est heureux d'avoir à lui communiquer l'ordre du général en chef[1]*, car il est l'éloge des travaux accomplis par la division.*

Non seulement elle a vaillamment combattu à Morée, à Montfort et à Sillé-le-Guillaume, mais encore elle a infligé des pertes sensibles à l'ennemi à Courtalain et à La Fourche, et, grâce à sa fermeté, elle a soutenu à Connerré, contre le corps d'armée du grand-duc de Mecklembourg, son plus rude combat sans se laisser entamer.

Aussi est-ce avec un vif sentiment d'orgueil que le général rappelle à sa division ces jours d'épreuve qu'elle a vaillamment supportés, et avant de la quitter il adresse à tous les officiers et soldats ses remerciements pour le concours énergique qu'ils lui ont prêté, concours qui ne lui faillirait pas au jour de la Revanche.

Le Général commandant la 1re division du 21e corps. Mars 1871.

Signé : ROUSSEAU.

1. *Ordre général lors de la dissolution des armées et du licenciement des troupes.* Page 242.

TABLE DES MATIÈRES

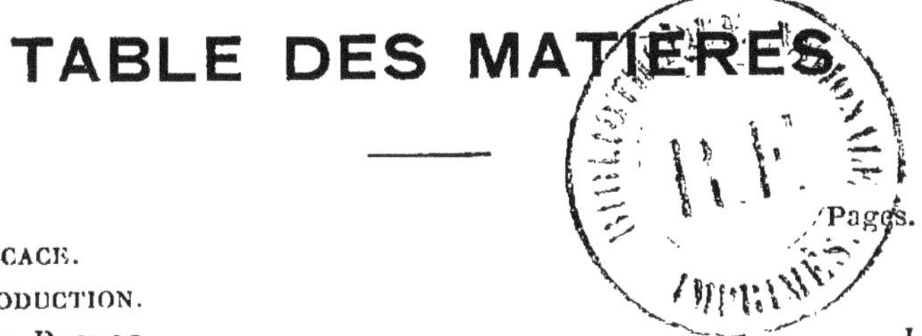

TABLE DES MATIÈRES

PREMIÈRE PARTIE

FORMATION

Du 18 août au 27 octobre 1870.

ANECDOTES & ÉPISODES

PREMIÈRE CAMPAGNE

Du 27 octobre au 26 novembre 1870.

ANECDOTES & ÉPISODES

DEUXIÈME CAMPAGNE

Du 26 novembre 1870 au 9 janvier 1871.

ANECDOTES & ÉPISODES

TROISIÈME CAMPAGNE

Du 9 au 28 janvier 1871.

ANECDOTES & ÉPISODES

ARMISTICE ET RÉORGANISATION DE L'ARMÉE

Du 28 janvier au 7 mars 1871.

ANECDOTES ET ÉPISODES

LICENCIEMENT

Du 7 au 16 mars 1871.

DÉSARMEMENT ET RETOUR DANS LES FOYERS

Du 16 mars au 3 avril 1871.

RÉSUMÉ

DEUXIÈME PARTIE

ARMÉE DE L'OUEST

Du 10 octobre au 24 novembre 1870.

ÉPISODES

LIGNE DE DÉFENSE DU PERCHE

CARTE

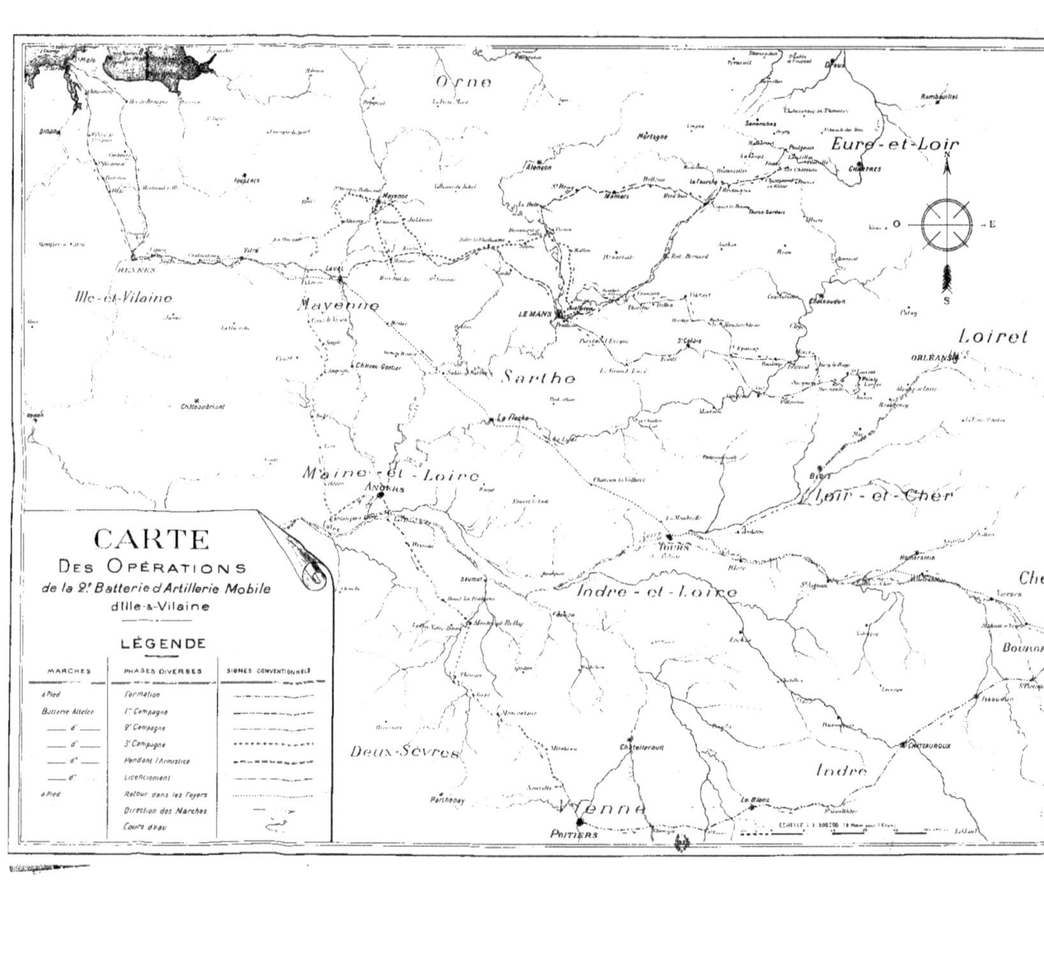
CARTE
Des Opérations
de la 2e Batterie d'Artillerie Mobile
d'Ille-&-Vilaine
LÉGENDE
MARCHES
PHASES DIVERSES
SIGNES CONVENTIONNELS
à Pied
Formation
Batterie Attelée
1re Campagne
d°
2e Campagne
d°
3e Campagne
d°
Pendant l'Armistice
d°
Licenciement
à Pied
Retour dans les Foyers
Direction des Marches
Cours d'eau
Orne
Eure-et-Loir
Ille-et-Vilaine
Mayenne
Sarthe
Loiret
Maine-et-Loire
Loir-et-Cher
Indre-et-Loire
Deux-Sèvres
Vienne
Indre
Rennes
Vitré
Laval
Mayenne
Alençon
Mamers
Mortagne
Dreux
Chartres
Rambouillet
Le Mans
Châteaudun
Orléans
Château Gontier
La Flèche
Angers
Blois
Tours
Saumur
Châtellerault
Poitiers
Parthenay
Le Blanc
Châteauroux
Issoudun
Châteaubriant
Fougères
N
O
E
S

TABLE DES GRAVURES

Imprimerie

EUGÈNE PROST

Rennes

www.ingramcontent.com/pod-product-compliance
Ingram Content Group UK Ltd.
Pitfield, Milton Keynes, MK11 3LW, UK
UKHW021102220726
13924UKWH00005B/2203

9 782019 932657